La pandemia de gripe española de 1918: la historia y legado del brote de influenza más mortal del mundo

Por Charles River Editors
Traducido por Areaní Moros

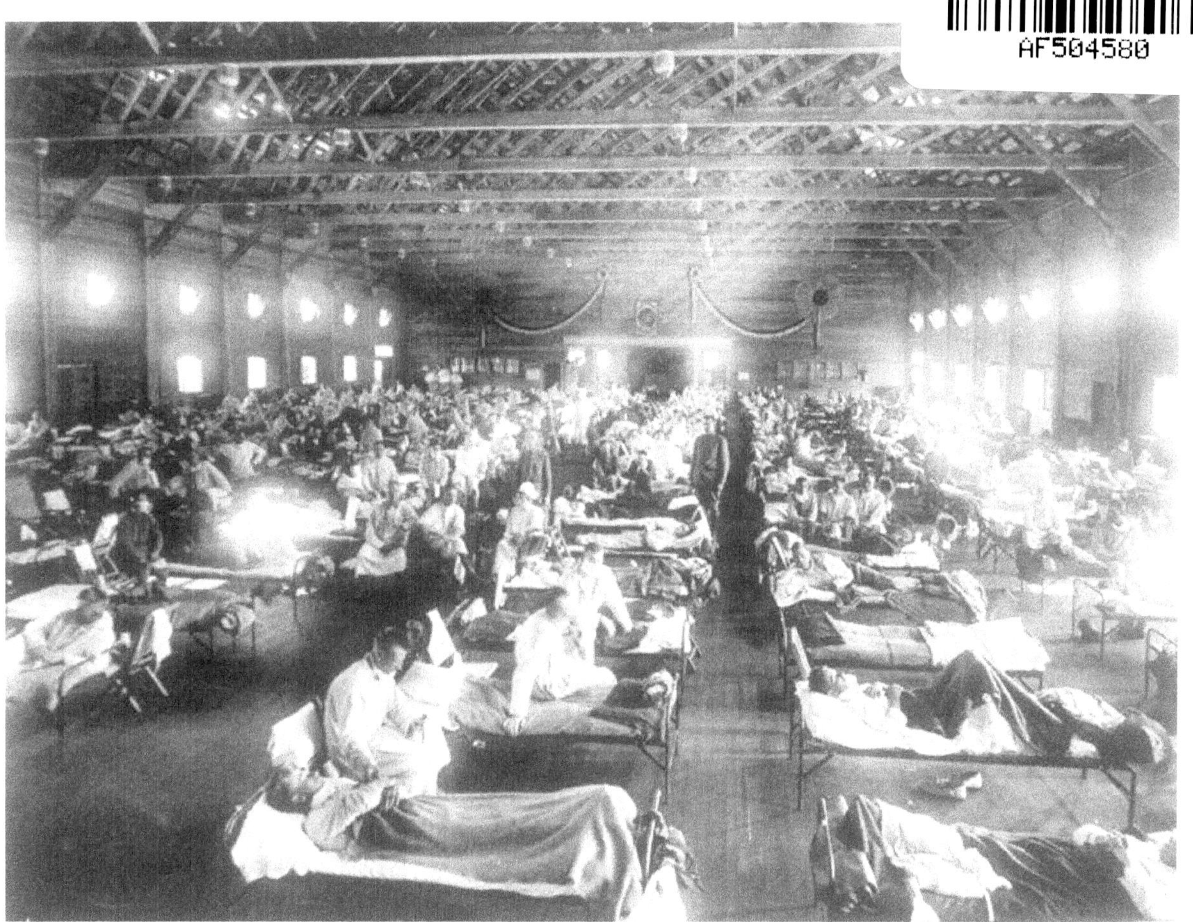

**Soldados estadounidenses enfermos de influenza
en Camp Funston, Kansas, 1918**

Sobre Charles River Editors

Charles River Editors provee servicios de edición y redacción original de calidad superior a lo ancho de la industria de publicaciones digitales, con la pericia para crear contenido digital para editoriales en una amplia gama de temas. Además de proveer contenido digital original para terceros, también republicamos las grandes obras literarias de la civilización, haciéndolas llegar a nuevas generaciones de lectores a través de libros electrónicos (ebooks).

Regístrese aquí para recibir notificaciones sobre libros gratuitos a medida que los publiquemos, y visite Nuestra Página de Autor Kindle para explorar las promociones gratuitas del día y nuestros títulos más recientes publicados en Kindle.

Introducción

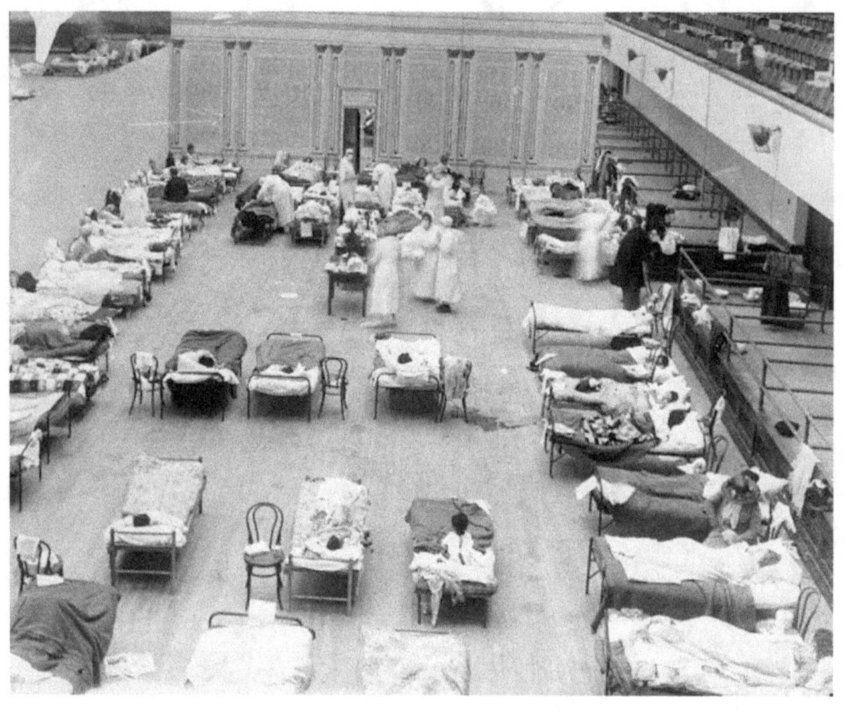

Víctimas en una sala improvisada en el Auditorio Municipal de Oakland

La pandemia de gripe española de 1918

Una de las características sorprendentes de la pandemia fue su repentino estallido y su igualmente súbito declive, como una llama que consume material altamente combustible, y se apaga tan pronto como se agota el suministro del material. Hay toda razón para creer que, en cuestión de semanas desde su aparición, la infección se hallaba universalmente presente en la nariz y garganta de las personas, diseminada por innumerables portadores mediante las pequeñas gotas de saliva que expulsaban por boca o nariz al hablar y, además, por la tos y estornudos de los enfermos. La susceptibilidad era general, aunque variaba mucho en grado. Entre los que escaparon de una enfermedad bien marcada, hay pocos que no recuerden haber tenido la nariz tapada o aguada, ardor en la garganta, o tos, o dolores y molestias, en algún momento durante el período de prevalencia de la enfermedad, lo que probablemente representa el precio que tales personas pagaron por su inmunización. El hecho de que en algunas familias todos los miembros desarrollaron la enfermedad en forma bien marcada, mientras que en otras no hubo un solo caso definitivo, aunque se hubiera producido exposición a la infección, demostró que la relación sanguínea tenía algo que ver con la susceptibilidad. Los muy viejos y los muy jóvenes se mostraron, en general, menos susceptibles. – Doctor Bernard Fantus

En muchos sentidos, es difícil para las personas que viven actualmente en países del Primer Mundo concebir una pandemia que arrase en todo el mundo matando a millones de personas, y es incluso más difícil creer que algo tan común como la influenza pueda causar enfermedad y muerte en tal extensión. Si bien la gripe todavía cobra cientos o miles de vidas cada año, la mayoría se trata de personas muy jóvenes o muy ancianas, o enfermas con algo más que ya los había debilitado. En efecto, la mayoría de la gente contrae la influenza al menos una vez, y muchas padecen gripe varias veces en su vida y la sobreviven con una mínima cantidad de atención médica.

En 1918, el mundo estaba todavía inmerso en la Gran Guerra, el conflicto más mortal en la historia humana hasta ese momento, pero si bien la Primera Guerra Mundial sería un evento catastrófico, superado solo por la Segunda Guerra Mundial, un brote de influenza sin precedentes ese mismo año infligió bajas que harían palidecer ambas guerras en comparación. Una enfermedad, o más probablemente una colección de enfermedades, la influenza o gripe "española" se propagó rápidamente por todo el mundo y puede haber matado a más de cien millones de personas, diezmando poblaciones en países desarrollados y posiblemente eliminando hasta el 5% de la población mundial. En cualquier caso, la guerra en curso y la censura mantenida por los países en ella involucrados pueden haber resultado en que se subestimaran las cifras reales de muertes, en función de la forma en que se clasificaron las muertes de los soldados.

Puede que la Primera Guerra Mundial haya distraído a la

gente sobre la naturaleza sin precedentes del brote, pero el aspecto más alarmante del brote de 1918 fue la naturaleza indiscriminada en la que la enfermedad atacó a jóvenes y viejos, saludables y no saludables, ricos y pobres por igual. De hecho, el popular nombre para el brote fue una referencia al hecho de que el propio rey de España fue afectado por la enfermedad. Mientras que él y el presidente estadounidense Woodrow Wilson pudieron sobrevivir, la ex Primera Dama, Lady Rose Cleveland, no lo hizo.

La pasmosa cantidad de muertes, y la forma en que al parecer cualquiera podía sufrir durante el brote, le enseñó a las personas a principios del siglo XX que, independientemente de los grandes avances logrados por la tecnología, y sin importar cuán estancada estuviera la guerra, nadie estaba a salvo de la naturaleza misma. Por supuesto, también demostró cuánto más podía hacerse para prevenir ocurrencias similares. La pandemia de 1918 no fue ni el primer ni el último brote de gripe, pero fue por mucho el peor, y cambió para siempre la cara de la medicina y la atención de la salud pública, tanto en Norteamérica como en Europa.

La epidemia de gripe española de 1918: la historia y legado del brote de influenza más mortal del mundo narra la devastadora enfermedad y el daño que causó alrededor del mundo. En conjunto con imágenes y una bibliografía, aprenderá sobre el brote de gripe de 1918 como nunca antes, y en nada de tiempo.

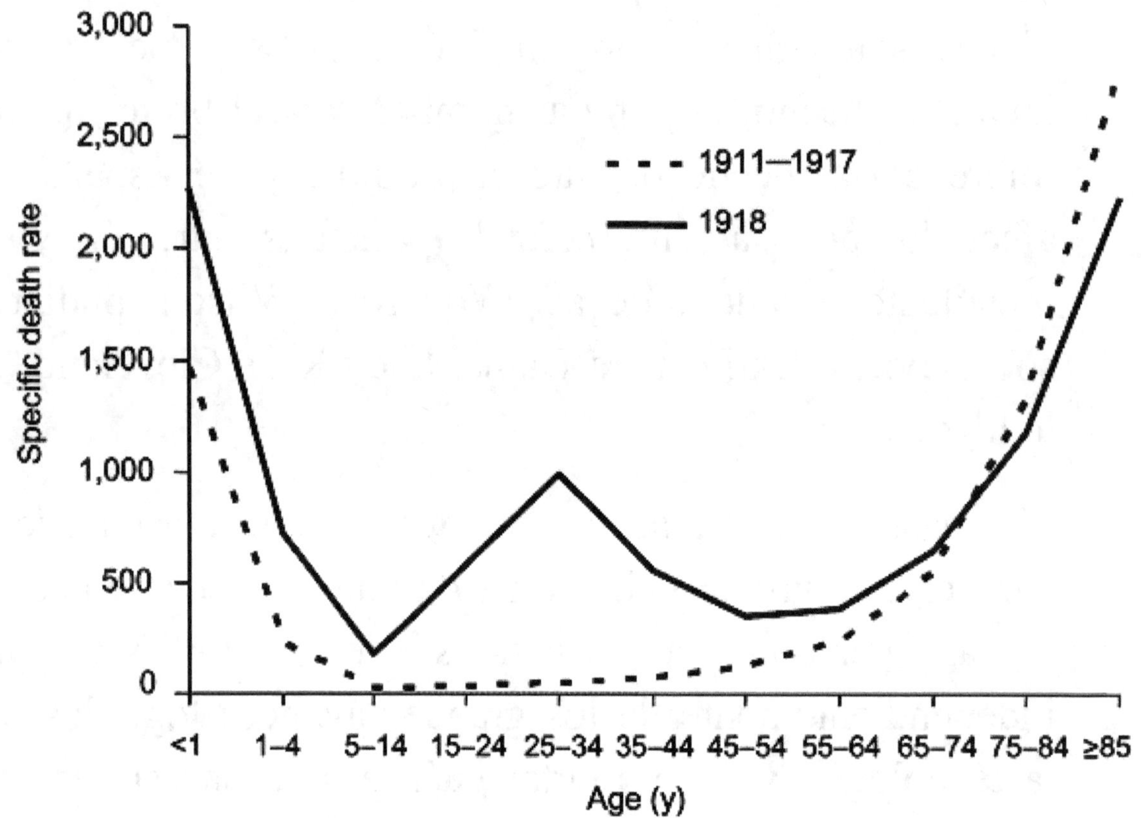

Gráfico que muestra las tasas de mortalidad por edad para la pandemia de gripe española en comparación con los años anteriores

La pandemia de gripe española de 1918: la historia y legado del brote de influenza más mortal del mundo

Sobre Charles River Editors

Introducción

Capítulo 1: La enfermedad llamada 'gripe española'

La enfermedad llamada 'gripe española' por lo general se asemeja a un tipo de 'resfriado' muy contagioso, acompañado de fiebre, dolores en la cabeza, ojos, oídos, espalda u otras partes del cuerpo, y una sensación de enfermedad grave. En la mayoría de los casos, los síntomas desaparecen después de tres o cuatro días y el paciente entonces se recupera rápidamente; sin embargo, algunos de los pacientes desarrollan neumonía, o inflamación del oído, o meningitis; y muchos de estos casos complicados mueren. Algunas veces los síntomas son tan leves que no se sospecha la verdadera condición. La 'gripe española' es aparentemente idéntica a las epidemias de influenza de años anteriores. A este respecto, se llama la atención sobre el hecho de que la pandemia de 1889-1891 se originó en China y fue llevada a Rusia, donde se le conoció como la 'gripe china'. Desde Rusia se propagó por toda Europa, y se le llamaba 'gripe rusa'. Introducida a los Estados Unidos desde Europa, fue llamada 'gripe europea', y finalmente cuando cruzó el Pacífico hasta Japón fue llamada 'gripe estadounidense'". – Informe del Servicio de Salud Pública de EE. UU., preparado por el Cirujano General, Rupert Blue

Dr. Rupert Blue

Un anuncio público de esa época, que dice 'Prevenga la enfermedad. Escupir, toser y estornudar descuidadamente propaga la influenza y tuberculosis'

Cuando ocurrió por primera vez el brote de influenza, no podría haber llegado en peor momento para el mundo Occidental. La mayor parte de Europa había estado involucrada en una guerra a nivel continental desde 1914, y Estados Unidos apenas acababa de unirse al conflicto y aún estaba movilizando y enviando tropas para pelear al otro lado del Atlántico. El año anterior, la monarquía rusa, de siglos de antigüedad, había caído ante la Revolución Bolchevique, y la gente estaba muriendo de hambre en todo el país. Sin embargo, con todo lo mal que estaban las cosas, lo peor estaba aún por venir, pues los gérmenes matarían más personas que las balas. Para cuando pasó hasta la última fiebre, y el último aviso de cuarentena fue removido, el mundo había perdido entre el 3 y el 5% de su población.

Al igual que muchos brotes de enfermedades, la gripe española provino de orígenes humildes, lo que de hecho aumentó sus probabilidades de propagarse y tornarse más mortal. De hecho, lo que hacía tan terrible a la gripe española era que a menudo comenzaba como nada más que un resfriado, lo cual creaba dificultades, por dos razones. Por un lado, muchas personas pensaban que no estaban gravemente enfermas y por ende continuaban llevando su vida cotidiana, enfermándose más ellos y enfermando a otros al entrar en contacto con más personas. Por otro lado, muchos que sí tenían solo un resfriado fueron víctimas del pánico, ya fuera el propio al creer que tenían una enfermedad potencialmente mortal, o de otros que los rechazaban.

De cualquier manera, lo que pronto aprendió todo el mundo fue que una vez que la gripe se había realmente arraigado, el paciente estaría bien, o muerto, en solo unos días, y poco había que cualquiera pudiera hacer por influir en el resultado. Irónicamente, no fue la influenza lo que realmente mató a las personas, sino la forma en que las debilitaba, de manera que permitía el desarrollo de neumonía o meningitis. Décadas antes de la invención de los antibióticos, estas enfermedades a menudo eran sentencias de muerte, por lo que aquellos que contraían solo la gripe sobrevivían, mientras que quienes sufrían complicaciones, perecían.

Los médicos que intentaban tratar pacientes con esta gripe tenían muchos datos en los que apoyarse, pero poca comprensión de esta pandemia en particular. La influenza atacó regularmente en diversas ciudades alrededor del mundo desde el siglo XVII en adelante, y muchos de los médicos que trataron la gripe en 1918 y 1919 ya habían vivido un brote similar a finales de la década de 1880 y principios de la de 1890, mientras que aquellos que no habían experimentado esa pandemia la habían estudiado en la escuela de medicina. No obstante, si bien estaban familiarizados con los síntomas y causas, aún carecían de los medios para tratarla, debido no solo a falta de conocimiento, sino de tecnología. Como resultado, las personas debían recurrir a métodos usados en el pasado, aun cuando en su mayoría demostraban ser ineficaces. El Dr. Bernard Fantus, médico estadounidense de origen húngaro, explicó:

En vista de la prevalencia universal de la infección, la cuarentena era, necesariamente, inútil. Durante esta pandemia, usar cubrebocas no tenía un mayor efecto profiláctico que el consumo liberal de whisky al que algunos se dedicaron con este propósito, o las tradicionales bolsitas de alcanfor que colgaban del cuello de tantos niños enfermos de influenza. El que las mascarillas eran inútiles para proteger a una persona de la infección, lo comprobó el hecho de que las enfermeras, quienes de todas las personas eran las que más las usaban, eran notoriamente propensas a ser víctimas de la infección. Esto se comprende fácilmente cuando nos damos cuenta de que la conjuntiva es continua con la membrana mucosa respiratoria y de que el ojo, a menos que esté protegido especialmente, está particularmente expuesto al bombardeo de diminutas partículas en el aire. Por supuesto, las mascarillas son útiles para proteger a otros de la infección mediante la expulsión de microgotas bucales o nasales del usuario.

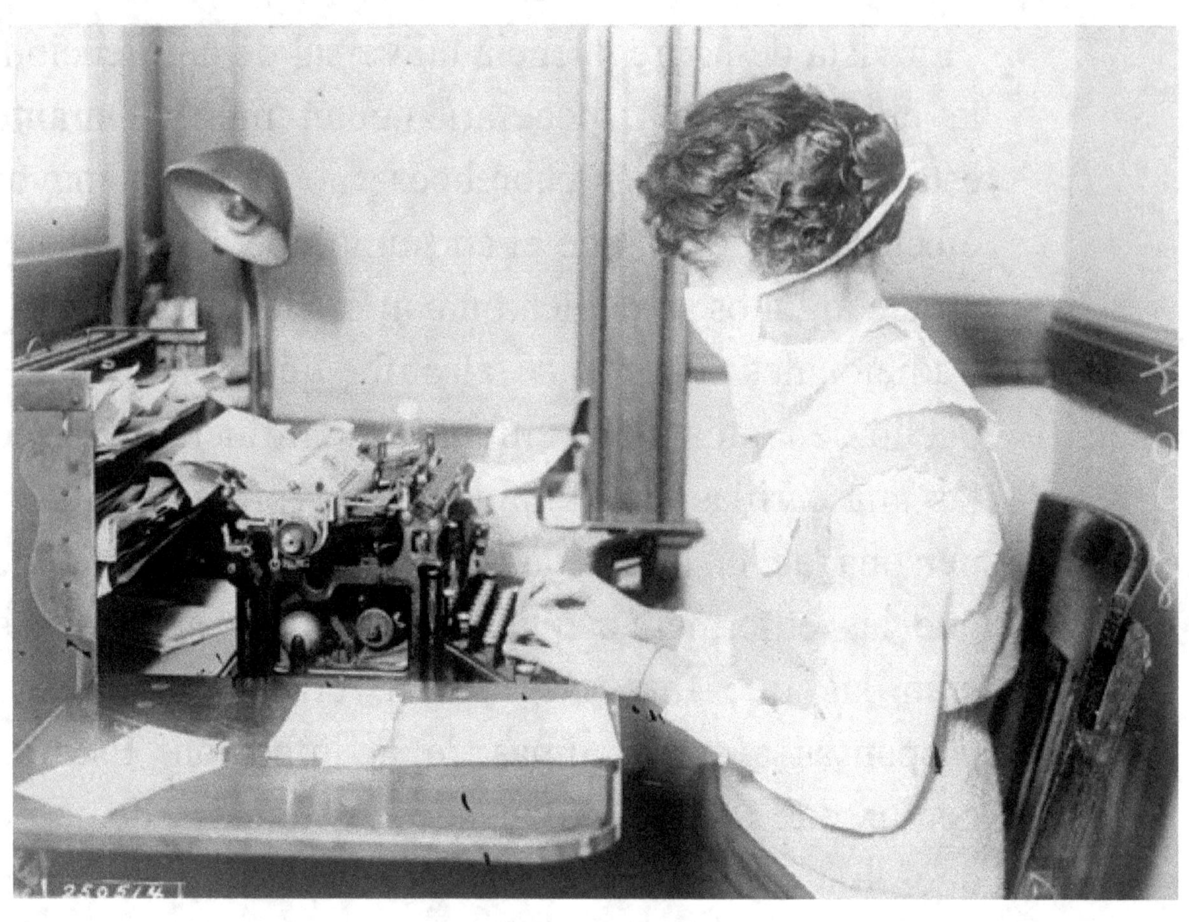

Una mecanógrafa usando mascarilla en la ciudad de Nueva York, 1918

Capítulo 2: Un grupo de casos

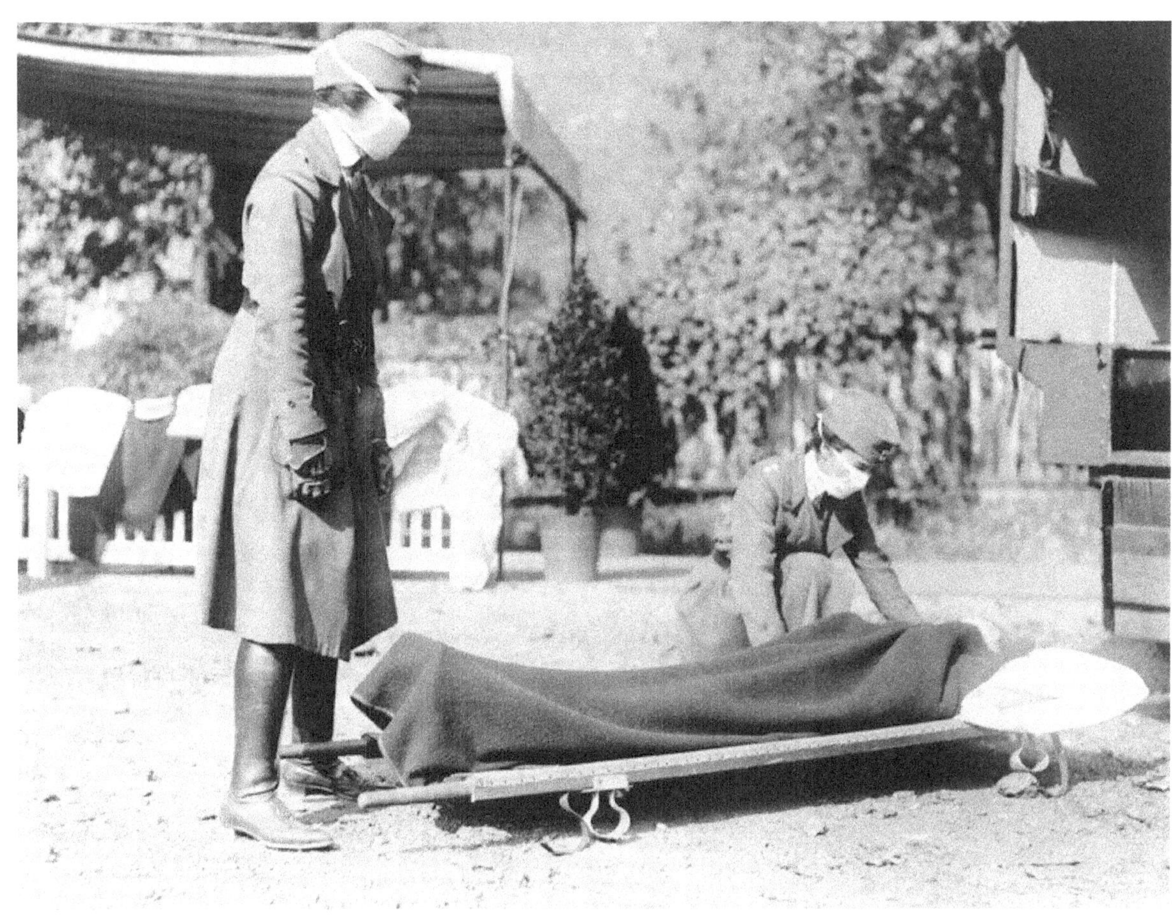

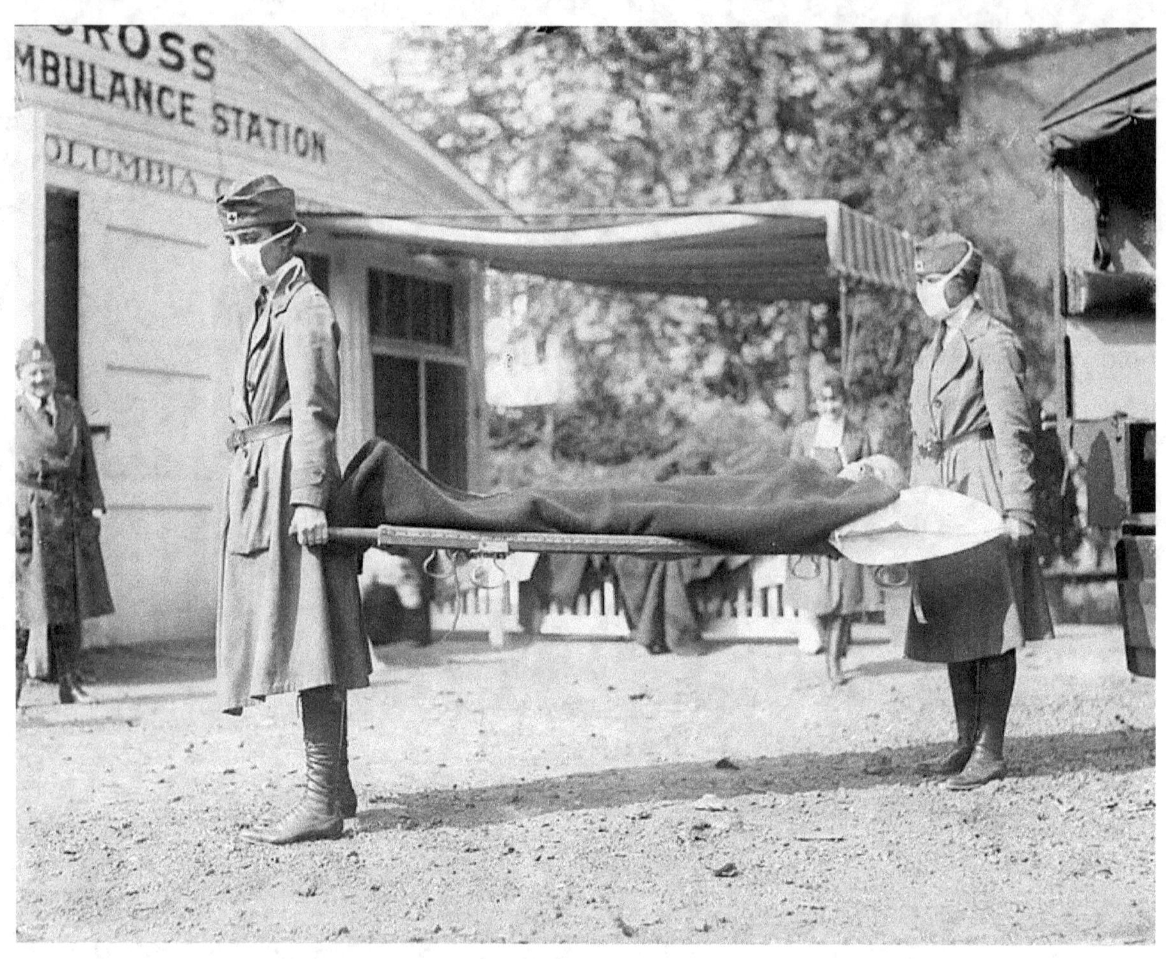

Fotografías de una demostración práctica en la Estación de Ambulancias de Emergencia de la Cruz Roja en Washington, D.C.

"Todavía no hay una forma segura para reconocer un caso de 'gripe española'; por otro lado, el reconocimiento es fácil cuando hay un grupo de casos. En contraste con los brotes de tos y resfriados comunes, que ocurren usualmente en los meses fríos, las epidemias de influenza pueden ocurrir en cualquier temporada del año; así, la reciente epidemia causó estragos en Europa en mayo, junio y julio de 1918. Además, en el caso del resfriado común, los síntomas generales (fiebre, dolor, depresión) no son de ninguna manera tan severos ni tan repentinos en su arraigo como lo son en la influenza. Finalmente, los resfriados comunes no se propagan tan rápidamente en la comunidad, o tan extensamente, como la influenza". – Informe del Servicio de Salud Pública de EE. UU., preparado por el Cirujano General, Rupert Blue

La primera pregunta que generalmente surge con respecto a cualquier epidemia, es cómo comenzó, y esto a menudo es difícil de determinar, pues muchas personas tienen que morir antes de que una enfermedad sea considerada lo suficientemente importante para ser notada y rastreada. Para entonces ya es, usualmente, imposible descubrir con certeza los orígenes biológicos del virus. Dicho esto, la pandemia de 1918 ha sido investigada meticulosamente, y muchos de los médicos y científicos que la estudiaron concluyeron que la cepa de influenza se originó en un abarrotado hospital militar en la Francia devastada por la guerra. La teoría es que ese virus, al igual que tantos otros antes y después, se desarrolló primero en aves y luego migró a cerdos, que eran mantenidos en el cercano campamento del ejército como fuente de proteínas. De manera similar, otros creen que asiáticos que estaban trabajando en Europa para los ejércitos pueden haber llevado una enfermedad respiratoria que se había desarrollado en China en 1917.

Sin embargo, también hay problemas con estas teorías, pues cuando se notó en Francia en agosto de 1918, ya se habían observado varios casos de la gripe en los Estados Unidos, siendo registrado el primero en Kansas, en enero de 1918. De hecho, el Dr. Loring Miner observó suficientes casos en su consultorio en el condado de Haskell, Kansas, como para escribir una carta al Servicio de Salud Pública de EE. UU. para advertirles de un problema potencial, pero el primer brote a gran escala no ocurrió sino hasta el 4 de marzo, cuando Albert Gitchell se presentó en la enfermería en el Fuerte Riley, Kansas, quejándose de síntomas como de gripe. La enfermera apenas había terminado de escribir su historia médica cuando la sala de espera estaba llena de soldados con quejas similares. La enfermería atendió 100 pacientes antes de la hora de almuerzo ese día, y más de 500 en el resto de esa semana. En cuestión de un mes, 48 hombres jóvenes y por lo demás sanos habían muerto, derrotados por la neumonía que siguió a la gripe.

Mientras los soldados estaban ingresando al hospital en masa, sus camaradas más saludables estaban ocupados en un proyecto de limpieza bastante desagradable. El Fuerte Riley albergaba una extensa unidad de caballería con establos para docenas de caballos, y el estiércol había estado apilándose durante meses, secándose durante el invierno. Al acercarse la primavera, los oficiales ordenaron que se quemara, por lo que el 9 de marzo se prendió fuego a la enorme pila de estiércol seco, justo cuando comenzaba una fuerte tormenta de viento en Kansas. El humo se convirtió en una nube acre y amarilla que cubrió el campo, incluso bloqueó el sol, y si bien el humo no pudo haber propagado los gérmenes que causaban la gripe, podía dañar los pulmones de los residentes expuestos en el área, haciendo que todos estuvieran más susceptibles al azote de la enfermedad.

Como sugirió el brote en el Fuerte Riley, el principal caldo de cultivo para la influenza fueron los campamentos del ejército que estaban surgiendo en todos los Estados Unidos a principios de 1918. El país había entrado a la Primera Guerra Mundial el octubre pasado, y muchos jóvenes estaban ansiosos por hacer su parte y unirse a la lucha. Como resultado, los campamentos pronto se sobrepoblaron con reclutas y veteranos de servicio llevados de todas partes para entrenarlos. A medida que más y más hombres se enfermaron, el gobierno comenzó a movilizar médicos de todo el país para atenderlos. Uno de estos médicos le escribió a un amigo: "Es más que probable que te interesen las noticias de este lugar, pues cabe la posibilidad de que seas asignado para servir aquí, así que, como tengo un minuto entre mis rondas, intentaré contarte un poco sobre la situación aquí, como la he visto en la última semana.

Como sabes, no he visto mucha neumonía en los últimos años en Detroit, así que cuando vine aquí estaba un poco atrasado en los detalles de la manera del ejército para diagnosis intrincadas. Además para completar, he tenido durante la última semana una exacerbación de mi viejo *'Ear rot'* [afección en el oído], como lo llama Artie Ogle, y no pude usar un estetoscopio, así que tuve que valerme de mi habilidad de 'detectarlos' mediante mi conocimiento general de las neumonías…".

En retrospectiva, era tan crítico como casi imposible detener el brote global una vez que los soldados en estos campamentos eran embarcados en transportes para ser enviados a Europa, pues esto aseguraba que los soldados estadounidenses la transmitirían a sus camaradas y enemigos europeos, quienes a su vez la propagarían a hogares y pueblos en todo el continente. Como resultado, se desarrolló un círculo vicioso, en el que un hombre podría parecer sano al dejar Estados Unidos, pero contraer la gripe mientras atravesaba el Atlántico, y llegar enfermo a Europa. Una vez allí, sería tratado por un sistema de salud que ya estaba sobrecargado y agotado por cuatro años de sangrienta guerra, y en el proceso el soldado enfermo podría transmitir la gripe a otros soldados, quienes, si vivían lo suficientemente cerca del frente, podrían ser enviados a sus casas para recuperarse, y llevarían consigo la influenza.

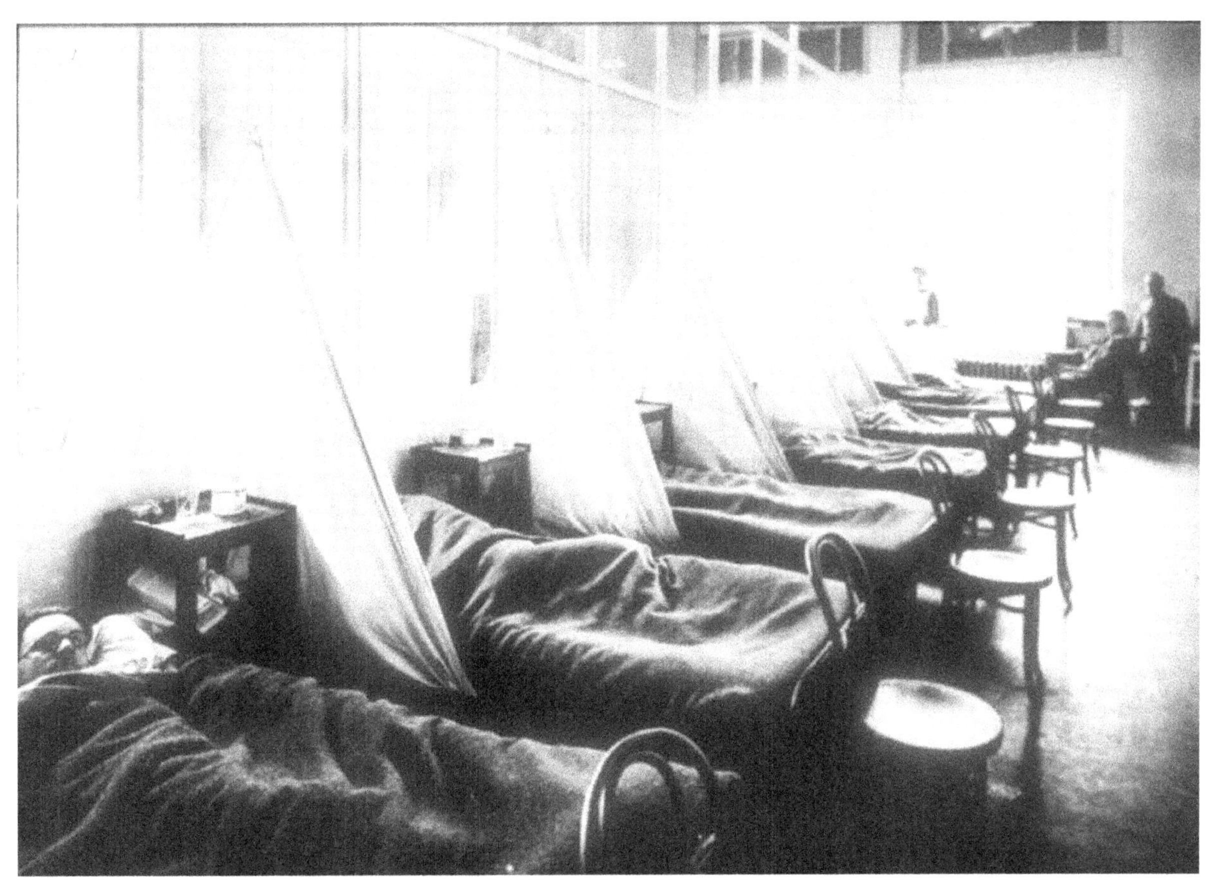

Soldados estadounidenses con gripe en un hospital francés

Al principio, los militares se mostraron reacios a permitir que ninguna enfermedad cambiara sus planes, pero incluso los generales pronto se dieron cuenta de que había que hacer algo para detener, o al menos ralentizar la propagación de la enfermedad. Martin Aloysius Culhane estaba en el ejército y todavía apostado en los Estados Unidos cuando supo de un amigo que se había recuperado de la gripe recientemente. Culhane escribió: "Recibí una bonita carta de Phil Byrne, informa que la está llevando bien, se siente mejor que nunca. (…) Desde el mediodía de hoy nuestro campamento ha sido puesto en cuarentena para evitar una epidemia de gripe española. No hemos tenido casos hasta ahora, pero es la intención de los oficiales médicos evitar que aparezca cualquier caso de la enfermedad. Todos los hombres que tienen incluso resfriados leves han sido ubicados en un barracón separado que, por supuesto, inmediatamente fue bautizado 'la sala de TB [tuberculosis]' por el resto de la compañía".

A la vez que los soldados estadounidenses llevaron sin sospecharlo sus enfermedades a Europa, los hospitales estadounidenses no eran rivales para la afluencia de pacientes dentro del país, como un doctor conocido solo como "Roy" señaló en una carta a un conocido:

> El Campamento Devens está cerca de Boston, y tiene cerca de 50.000 hombres, o tenía antes de que esta epidemia se desatara. También tiene el hospital base para la División del Noreste. Esta epidemia comenzó hace unas cuatro semanas, y se ha desarrollado tan rápidamente que el campamento está desmoralizado y todo el trabajo ordinario se detuvo hasta que pase. Todas las reuniones de soldados, tabú. Estos hombres comienzan con lo que parece ser un ataque de *la grippe* o influenza, y cuando son traídos al hospital desarrollan muy

rápidamente el tipo de neumonía más viscosa que se haya visto. Dos horas después de ser ingresados tienen manchas color caoba en los pómulos, y pocas horas después se comienza a ver la cianosis que se extiende desde sus orejas por todo el rostro. (…) Luego es cuestión de pocas horas para que llegue la muerte, y es simplemente una lucha por conseguir aire hasta que se asfixian. Es horrible. Uno puede soportar ver uno, dos o veinte hombres morir, pero ver a estos pobres diablos cayendo como moscas te afecta los nervios. Hemos estado promediando aproximadamente cien muertes al día, y todavía manteniéndose. No me cabe duda de que aquí hay una nueva infección mixta, pero de qué, no lo sé. La totalidad de mi tiempo está ocupado cazando estertores, estertores secos o húmedos, sibilantes o crepitantes o cualquier otra de las cien cosas que uno puede encontrar en el tórax, todas significan solo una cosa aquí: neumonía, y eso significa en casi todos los casos, la muerte.

**Imagen de tiendas de campaña improvisadas para
víctimas de la influenza
en Massachusetts**

Por supuesto el gobierno federal también estaba
llevando cuenta de las cifras, y el Dr. Victor Vaughan,
Cirujano General del Ejército de los Estados Unidos en
ese momento, señaló: "Durante la Guerra Mundial, la
neumonía fue, de principio a fin, la más potente causa de
muerte. Tomando el año calendario de 1917, hubo en
nuestro ejército 8.479 casos, con 952 muertes, una
mortalidad del 11,2%. Se entenderá que la movilización
del nuevo ejército no comenzó hasta octubre de 1917.
Durante los meses del invierno de 1917-18 (del 29 de

septiembre de 1917 hasta el 29 de marzo de 1918) los casos sumaron 13.393 con 3.110 muertes, una mortalidad del 23,1%. Durante los meses del verano de 1918 (del 5 de abril al 30 de agosto) los casos fueron 8.912 con 1.679 muertes, una mortalidad del 18,8%. Durante los meses del otoño de 1918 (el periodo de influenza) el número de casos fue 61.198 con 21.053 muertes, una mortalidad del 34,4%".

Vaughan

Como estaban sobrecargados de trabajo y agotados, el personal médico que atendía a los soldados enfermos también sucumbía a la influenza regularmente, uniéndose así a sus pacientes en las salas de los hospitales. En el

Campamento Devens, Roy le escribió a su amigo:

El número normal de médicos aquí es de aproximadamente 25, y se ha aumentado a 250, todos los cuales (excepto yo, por supuesto) tienen órdenes temporales: 'Regrese a su puesto apropiado al finalizar el trabajo'. Mis órdenes dicen: 'Servicio permanente', pero he estado en el ejército el tiempo suficiente para saber que no siempre dice en serio lo que dice. Así que no sé qué sucederá conmigo al final de esto. Hemos perdido una cantidad escandalosa de enfermeras y médicos, y el pequeño pueblo de Ayer es toda una visión. (…) Si esta carta parece algo desconectada, déjalo pasar, pues he sido interrumpido una docena de veces, la última justo ahora por el Oficial del Día, quien vino a decirme que hasta ahora no han encontrado en ninguna de las autopsias ningún caso más allá de la etapa de hepatitis roja. Los mata antes de llegar tan lejos.

La vida militar siempre ha sido comunal por naturaleza, y la lucha cotidiana para atender a los enfermos hizo mella en los médicos y enfermeras, la mayoría de los cuales estaba lejos de su hogar y amigos. Roy concluyó su carta diciendo:

No te deseo ninguna mala suerte, viejo, pero desearía que estuvieras aquí al menos por un tiempo.

Es más cómodo cuando uno tiene a un amigo cerca. Los hombres aquí son todos buenos compañeros, pero me tiene tan harto la neumonía que cuando voy a comer quisiera encontrar a alguno que no vaya a hablar 'del trabajo', pero no hay ninguno, de ningún modo. La comemos, dormimos y soñamos, por no mencionar que la respiramos dieciséis horas al día. Estaría ciertamente muy agradecido si me escribieras una línea o dos de vez en cuando, y te prometo que si alguna vez te vez en un aprieto así, yo haré lo mismo por ti. A cada hombre aquí le toca una sala con unas 150 camas (la mía tiene 168), y tiene un asistente a su mando, y puedes imaginarte lo que es tan solo el papeleo, feroz, y el gobierno exige que todo el papeleo se mantenga en buena forma. Tengo solo cuatro enfermeras diurnas y cinco nocturnas (mujeres), un jefe de sala, y cuatro auxiliares. Así que, como puedes ver, estamos ocupados. Escribo esto de manera gradual. Quizás pase mucho tiempo antes de que pueda enviarte otra carta, pero lo intentaré. Adiós, viejo amigo, 'Que Dios te acompañe hasta que nos volvamos a ver'.

**Trabajadores de un hospital naval en California
vestidos para tratar a las víctimas
de la gripe en diciembre de 1918**

**Tiendas de campaña improvisadas de emergencia
para pacientes de gripe en el mismo
hospital naval en California**

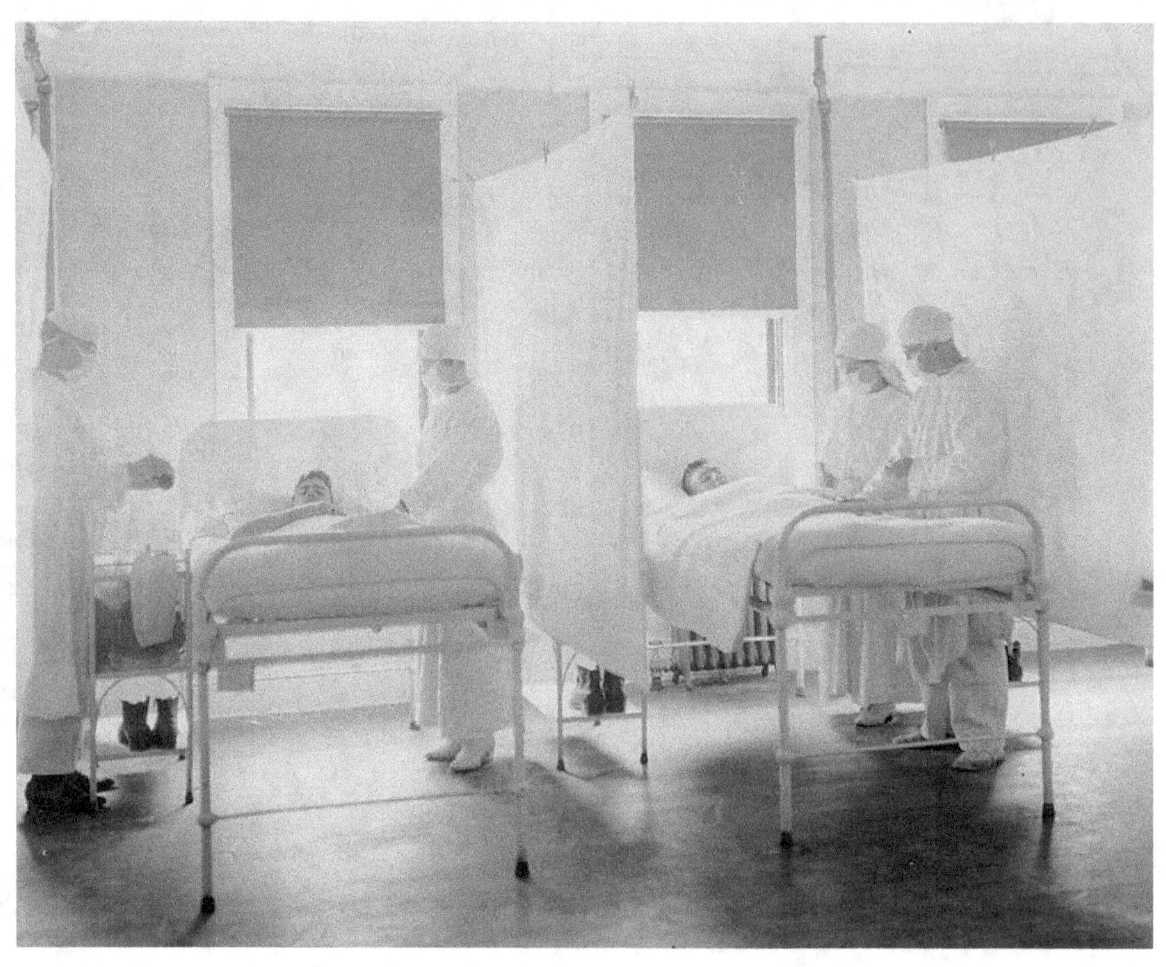

Pacientes con influenza siendo tratados en el hospital naval

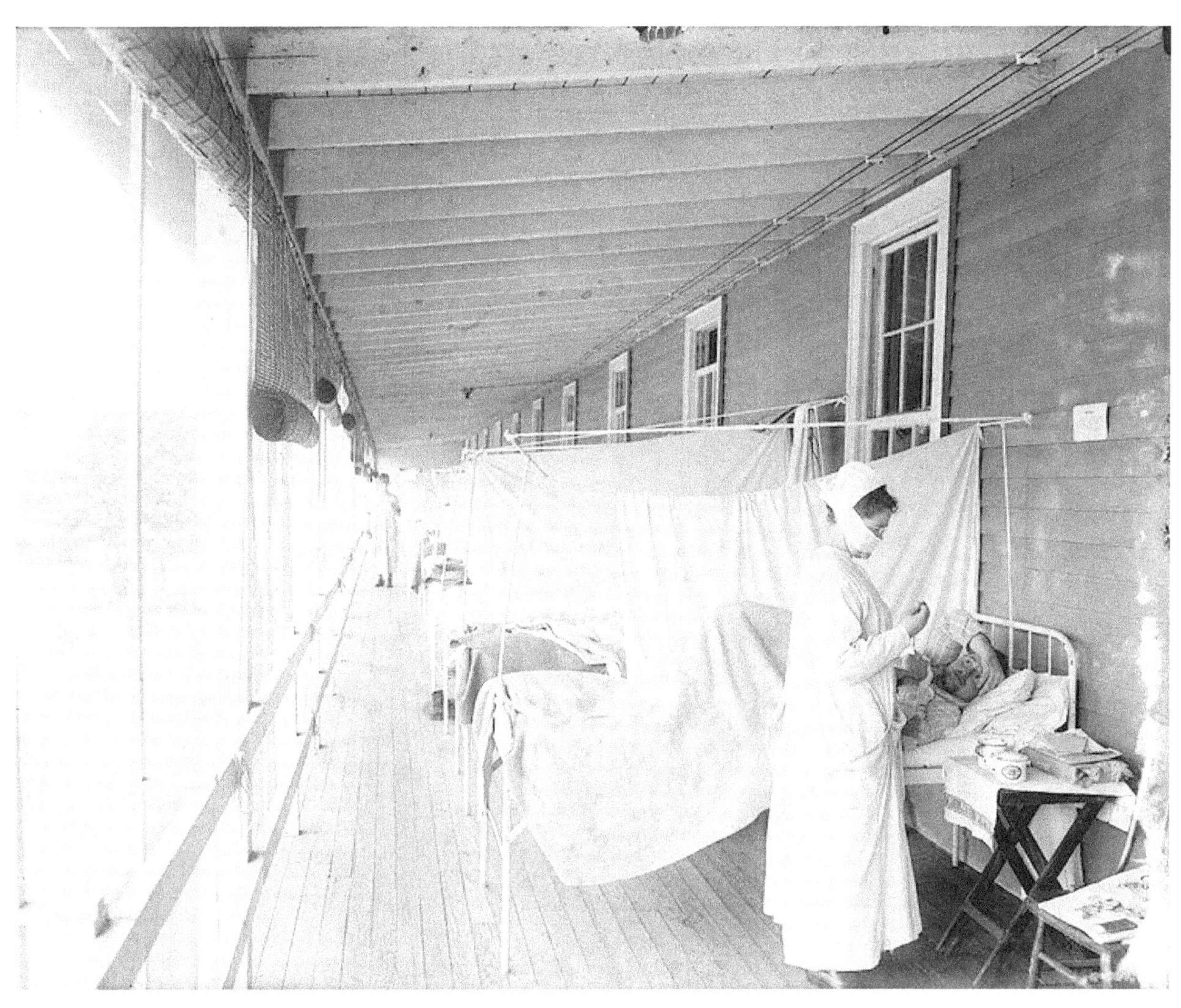

**Pacientes con gripe recibiendo tratamiento en el
Hospital Walter Reed
en Washington, D.C.**

Capítulo 3: La influenza en los Estados Unidos

Policías en Seattle, 1918

Epidemias de influenza han visitado este país desde 1647. Es interesante saber que esa primera epidemia fue traída aquí desde Valencia, España. Desde entonces ha habido numerosas epidemias de la enfermedad. En 1889 y 1890 la enfermedad fue epidémica en prácticamente todo el mundo civilizado. Tres años más tarde hubo otro brote de la enfermedad. En ambas ocasiones la epidemia se extendió ampliamente en los Estados Unidos. Aunque la epidemia reciente es llamada 'gripe española', la investigación ha demostrado que no se originó en España. Ahora sabemos que había una prevalencia indebida de influenza en los Estados Unidos durante varios años antes de la reciente gran pandemia. Debido a que la enfermedad ocurrió en forma leve, y porque la mente del público estaba concentrada en la guerra, esta prevalencia incrementada de la enfermedad pasó desapercibida. No fue hasta que la epidemia apareció en forma severa en Boston, en septiembre de 1918, que despertó algún interés especial. – Informe del Servicio de Salud Pública de EE. UU., preparado por el Cirujano General, Rupert Blue

Un operador de tranvía en Seattle no le permite abordar a un pasajero sin máscara

Por supuesto, además de propagar la enfermedad entre los ejércitos que peleaban en Europa, los soldados estadounidenses enfermos también la propagaron dentro del país. William Maxwell, quien era solo un niño que vivía en el estado de Nebraska en el momento del brote, luego recordó:

En 1918, Lincoln era una ciudad de 12.000 habitantes. Tenía quizás 50 años, justo el tiempo suficiente para que los árboles maduren y las ramas se unan sobre las aceras. Los patios eran grandes, los niños jugaban en grupos en las noches de verano. El domingo en la mañana, era bonito escuchar las campanas de la iglesia. Pero mi padre había tenido suficiente de ir a la iglesia, así que el domingo íbamos a pescar, al campo con un picnic. Era una vida no muy afectada por el mundo exterior. Lo primero que supe sobre la pandemia fue que era algo que le estaba sucediendo a las tropas. No parecía haber ninguna razón para pensar que podría alguna vez tener que ver con nosotros. Y sin embargo, de forma gradual e implacable, seguía acercándose cada vez más. Los rumores de esta alarmante situación habían llegado a esta pequeña ciudad de 12.000 personas en el Medio Oeste. Sé que mis padres estaban preocupados. Prestaba menos atención a las palabras que al sonido de sus voces, y cuando lo discutían escuchaba ansiedad.

Phil Byrne también mencionó la gripe a su propio hermano, al escribir: "Pues la gripe española ha aparecido aquí y estamos bajo órdenes estrictas de no visitar Chattanooga, ciertamente somos los muchachos de la mala suerte cuando se trata de esta propuesta de cuarentena (…) Ya estoy bastante harto de quedarme en un distrito de una cuadra a la redonda durante tres semanas. No hay cantina en el distrito en cuarentena, y nos cuesta mucho conseguir algunas pocas provisiones".

Víctimas de la gripe cargadas en ambulancias en San Luis, Misuri

Muy lejos de lugares como Kansas y Tennessee, Wilma Buntin recordó el efecto de la gripe en su ciudad natal de Houston, Texas: "Y recuerdo que mi hermano mayor, Louis, fue el único que no se enfermó. Así que él trataba de prepararnos algo para el desayuno, o para la cena. Ninguno de nosotros estaba interesado en lo absoluto.

Aquí no tenían médico, así que tenías que hacer lo que pensaras que podías. Y sabían que se debían beber jugos de frutas y descansar. Entonces él nos llamaba cuando había preparado algo. Decía: 'Es porque yo no puedo hacer un buen trabajo cocinando que ustedes no están comiendo'. Y no lo hacía".

Como sugiere el relato de Buntin, la enfermedad no discriminaba entre nadie, pero también podía parecer aleatoria en la forma en que afectaba a algunos miembros de la familia pero no a otros, incluso aunque vivieran en espacios compartidos. Si bien podía afectar a familias enteras, algunas veces solo atacaba a una persona en la casa. John Stanbury era solo un niño pequeño cuando golpeó la pandemia, y luego habló sobre cómo afectó a su familia y su comunidad:

Nací en mayo de 1915 y, por lo tanto, mis recuerdos de la pandemia son confusos e incompletos. En ese tiempo nuestra familia estaba viviendo en Wilson, Carolina del Norte. Mi padre era un clérigo metodista. Sin embargo, a pesar de mi corta edad, recuerdo con bastante claridad la enfermedad de mi madre. Estuvo en coma durante varios días, pero sobrevivió. Casi al mismo tiempo mi hermano, cuatro años mayor que yo, estuvo enfermo con lo que se diagnosticó como fiebre tifoidea. Él también estuvo comatoso y delirante, pero sobrevivió. Desde el porche de nuestra casa, veía las carrozas fúnebres pasar, y me dijeron que llevaban a las víctimas de la pandemia. Mi padre, a pesar de contactos frecuentes con los enfermos a medida que circulaba por el pueblo cumpliendo con sus deberes pastorales, nunca se enfermó.

Capítulo 4: Una persona enferma de influenza

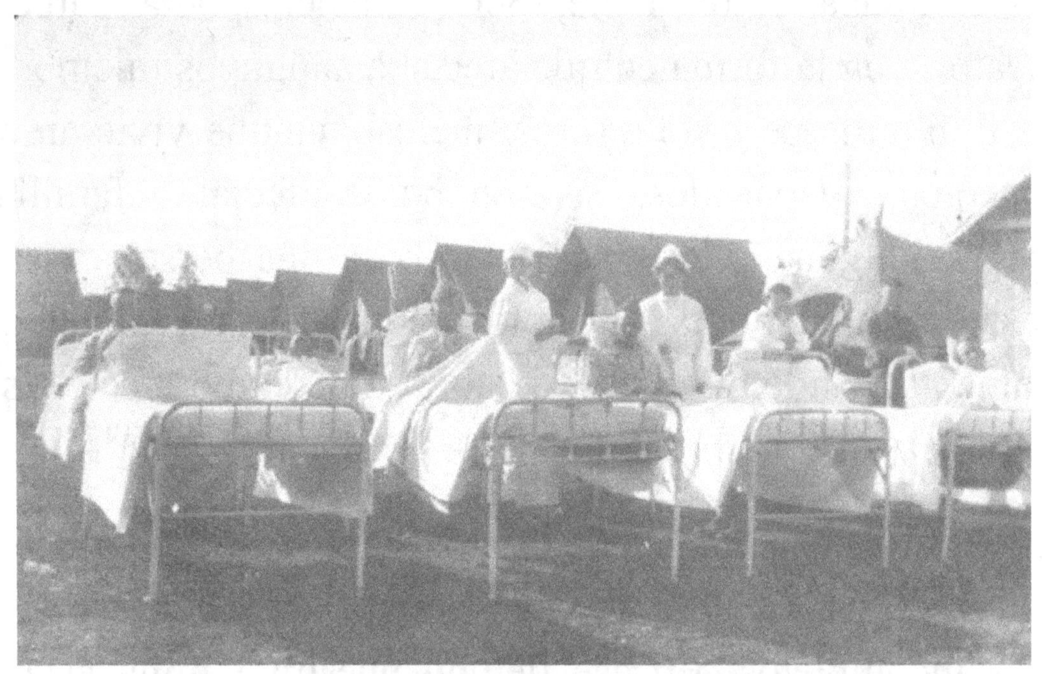

Pacientes con gripe en camas exteriores en un campamento militar

En la mayoría de los casos, una persona enferma de influenza se siente enferma de manera bastante repentina. Se siente débil, tiene dolor en los ojos, oídos, cabeza o espalda, abdomen, etc., y quizá esté adolorida en todo el cuerpo. Muchos pacientes se sienten mareados, algunos vomitan. La mayoría de los pacientes se quejan de sentir frío, y con esto viene una fiebre en la que la temperatura se eleva de 37,7° a 40° C. En casi todos los casos el pulso permanece relativamente lento. En apariencia, uno se sorprende por el hecho de que el paciente luce enfermo. Sus ojos y el lado interno de sus párpados pueden estar ligeramente "inyectados de sangre" o "congestionados", como dicen los médicos. Pueden tener la nariz aguada, o puede haber algo de tos. Estos signos de un resfriado pueden no ser marcados; no obstante, el paciente se ve y se siente muy enfermo. En diversas ocasiones durante la reciente pandemia, una gran proporción de los casos de influenza mostraron una infección de tipo intestinal (diarrea). Además de la apariencia y síntomas ya descritos, el examen de la sangre del paciente puede ayudar al médico a reconocer la 'gripe española'; pues se ha encontrado que en esta enfermedad el número de corpúsculos blancos muestra poco o ningún incremento por encima de lo normal. – Informe del Servicio de Salud Pública de EE. UU., preparado por el Cirujano General, Rupert Blue

Una de las dificultades en el tratamiento de la gripe española surgió no solo por el hecho de que había varias cepas diferentes del virus, sino que incluso las mismas cepas a menudo parecían producir síntomas diferentes en personas diferentes. Por ejemplo, el doctor Fantus observó: "Los síntomas de la enfermedad eran bastante multiformes. De esta forma, había casos que apenas presentaban fiebre sin dolores, y otros en los que había dolores sin fiebre, aunque por lo general ambos estaban presentes. En casi todos los casos ocurría sudoración profusa, aumentada sin duda por la medicación empleada. La mayoría de los pacientes tosía, algunos tosían y vomitaban, y algunos vomitaban y no tosían. La nariz no se veía afectada con tanta frecuencia como los bronquios. Cuando sí estaba involucrada, había una marcada tendencia a los sangrados nasales. De la garganta rara vez se quejaban. (…) La postración generalmente estaba fuera de proporción con la altura y la duración de la fiebre".

Otro problema era que a menudo algún paciente se sentía mejor y parecía haberse recuperado, pero repentinamente enfermaba de nuevo y moría poco después. Esto hacía el tratamiento de los pacientes increíblemente desafiante, como lo señalara el Dr. Fantus:

> La duración promedio de la enfermedad en casos sin complicaciones era de unos tres días. Había, sin embargo, una importante tendencia a que ocurriera

una recaída, incrementada, al parecer, por suspender el reposo prematuramente. La recaída era en algunos casos más severa que el primer ataque, y en otros menos. La bronconeumonía era la complicación más importante y seria. En cada caso de neumonía que observé en esta epidemia, su aparición se debió aparentemente a la incapacidad, o poca disposición por parte del paciente, de quedarse en cama el tiempo suficiente o cumplir bien el reposo; o, a discapacidades fisiológicas tales como el embarazo, enfermedad cardíaca orgánica, bronquitis crónica, infancia o vejez; o, más especialmente, a estas dos influencias combinadas (…) Una y otra vez, esta era la historia. El paciente tenía un ataque ordinario de influenza, durante el que no permanecía continuamente en cama. Luego se sentía un poco mejor, se levantaba, y enfermaba de nuevo –esta vez con síntomas severos– y pronto presentaba los fenómenos de la bronconeumonía.

Dado lo que presenció, Fantus creía que había una solución potencialmente fácil: "Por otro lado, los pacientes que desde el inicio de su enfermedad se mantuvieron en cama continuamente, hasta tener ya dos o tres días sintiéndose perfectamente bien, parecían ser bastante inmunes a esta complicación. Si el tratamiento del ataque de influenza mediante un reposo absoluto en cama en efecto previene la bronconeumonía, como lo creo, entonces debemos considerar este tratamiento como de importancia vital. Cómo el tratamiento en cama puede prevenir la neumonía, así como disminuir la tendencia a recaer, puede comprenderse cuando se piensa en un ataque de influenza como un estado durante el que la víctima de la infección adquiere inmunidad contra los organismos que están intentando invadir su sistema".

Fantus puede haber estado frustrado por la negativa o "poca disposición" de algunos pacientes a permanecer en cama, pero parte del problema con el tipo de cuidado que necesitaban quienes estaban enfermos era que requerían de mucho tiempo, y de atención cuidadosa y calificada. Incluso aquellos acostumbrados a cuidar de sus familias no se sentían a la altura de la tarea de cuidar a otros durante la gripe, lo cual le sucedió a la joven Betty Somppi:

> Mi familia estaba viviendo en Erie, Pensilvania, en 1918. Mi madre me dijo que cuando yo tenía casi 4 años, en febrero de 1919, me enfermé de influenza. Mi condición era crítica y había estado delirante por muchas horas cuando nuestro médico de familia pudo obtener un medicamento experimental (descrito como una 'inyección') para mí. Le dijo a mis padres que no podía ofrecer ninguna otra esperanza. Mis padres autorizaron el tratamiento. Al

mismo tiempo, un niño vecino también estaba enfermo de gripe, pero su familia rechazó el tratamiento ofrecido por el médico. No se esperaba que ninguno de los dos sobreviviera la noche; él no lo hizo. Mi madre llamó al doctor a la mañana siguiente porque yo estaba despierta y pidiendo algo de comer, pero ella temía alimentarme. Él le dijo que vendría de inmediato.

A principios del siglo XX, la enfermería era una carrera cada vez más popular entre las mujeres jóvenes y solteras, pero casi todas las capacitadas en ella fueron asignadas a hospitales militares en Europa, lo que dejaba a las enfermeras aún en formación a cargo del cuidado de los casos de influenza. Un periódico reportó en 1918: "Ochenta jóvenes mujeres, que constituyen la promoción 'Victoria' del Hospital General de Massachusetts, tras completar el más arduo año de difícil y continua enfermería que alguna vez hayan realizado estudiantes de enfermería en la historia de la institución, se graduaron anoche. El Dr. Henry P. Walcott, presidente de la junta directiva, que presidió los ejercicios y anunció a las graduandas, declaró que cada miembro individual de la promoción había realizado un servicio tan alto, e incurrido en un peligro tan grave como el de cualquier enfermera o soldado en servicio en el extranjero".

Afortunadamente, estas enfermeras se encontraban entre

las miles de jóvenes que se graduaron de la capacitación de enfermería en todo el mundo. En Gran Bretaña, la sociedad estaba en agitación pues las hijas de la aristocracia estaban desafiando las convenciones y capacitándose como enfermeras para cuidar a los soldados heridos. El artículo continúa:

> Las miembros de la promoción han atendido durante el año pasado más de 800 casos de influenza, que vinieron en dos grandes oleadas. Más de la mitad de la clase estuvo gravemente enferma con esta enfermedad; y todas, debido a la enorme carga que les imponía el exceso de trabajo, se volvieron peligrosamente susceptibles. Una entre ellas murió. Una epidemia de escarlatina colocó a 36 de las chicas en la lista de peligro, pero todas sobrevivieron. 'No hay palabras –dijo el Dr. Henry Van Dyke, quien dio el discurso de la noche– que puedan elogiar adecuadamente el papel que las mujeres, y especialmente las enfermeras, han jugado en la victoria de la guerra. El tipo de servicio que no se inmutó incluso ante un enemigo que eligió como objetivo favorito esa Cruz Roja en el techo de un hospital, nunca podrá recibir su justa recompensa en la retórica'".

Al igual que la mayoría de los médicos, Fantus era muy consciente de este problema, y escribió: "Para la mayoría de estos casos, los buenos cuidados de enfermería eran más importantes, así como más difíciles de asegurar, que los buenos cuidados médicos. Que esta pandemia ocurriera en un momento en el que había tal escasez de enfermeras capacitadas, debido a la guerra, nos hizo ver lo necesario que es que cada mujer –y cada hombre– tenga al menos algo de conocimiento y habilidad para atender a los enfermos”.

Capítulo 5: El brote es severo y las muertes, numerosas

“Como ya se mencionó, la mayoría de los casos son aparentemente infecciones de los órganos respiratorios y se asemejan a un tipo muy contagioso de ‘resfriado’. Algunas veces, sin embargo, hay ausencia total de síntomas respiratorios y solamente hay depresión severa, debilidad y dolores en todo el cuerpo, y algo de fiebre. En otros casos, la diarrea es un síntoma prominente. Por lo general la fiebre dura entre tres y cuatro días y el paciente se recupera. Pero mientras que la proporción de muertes es usualmente baja, en algunos lugares el brote es grave y las muertes son numerosas. Cuando ocurre una muerte, es generalmente el resultado del desarrollo de una neumonía o alguna otra complicación”. – Informe del Servicio de Salud Pública de EE. UU., preparado por el Cirujano General, Rupert Blue

A medida que se extendió la noticia sobre la epidemia de gripe, la gente comenzó a preocuparse cada vez más y a tomar medidas para protegerse y a sus seres queridos. La familia del joven William Maxwell tenía una preocupación adicional, como señaló él más adelante: "Mi madre estaba esperando un bebé y, por lo tanto, mi padre y madre no tuvieron otra opción más que llevarme a la casa de la hermana de mi padre, donde no estábamos cómodos. Era una casa oscura y sombría. Puedo sugerir mejor la cualidad de la casa diciendo que en la sala había una fotografía enmarcada de mi abuelo en su ataúd. Era una habitación muy extraña, había un jarrón con plumas de pavorreal dentro y mi tía no sabía, no creo que nadie más en Lincoln supiera, que las plumas de pavorreal traen mala suerte".

Las plumas de pavorreal resultaron en efecto ser de mala suerte para Maxwell y su familia, ya que él pronto comenzó a sufrir de la gripe. Explicó: "Yo era un muchachito flaco con un enorme apetito. Justo cuando pusieron el plato frente a mí, no sentí ningún deseo de comer. Mi tía puso su mano en mi frente y se levantó de la mesa y me llevó al piso de arriba y me acostó en la cama porque tenía fiebre alta. Y creo que lo que sucedió fue que dormí y dormí y dormí. Recuerdo que el tiempo era borroso cuando estaba acostado en esa pequeña habitación arriba, solía despertar y era de día y volvía a dormir, y la próxima vez que despertaba ya estaba oscuro, y podría ser de noche cuando despertara, podría ser de día, no tenía sentido del día y la noche, y me sentía enfermo y vacío por dentro".

Para ese entonces, los amigos de Maxwell y muchos otros niños en el mundo angloparlante, estaban cantando una nueva canción:

"Yo tenía un pajarito,

Su nombre era Enza,

abrí la ventana,

y entró volando Enza".

Mientras que Maxwell sobrevivió la gripe y vivió para hablar sobre su efecto en su vida, su madre, recuperándose del nacimiento de su hijo, no fue tan afortunada. Maxwell recordó:

Mi único conocimiento de lo que estaba sucediendo fue el teléfono, que pude escuchar porque mi cuarto estaba cerca de las escaleras. Y escuché a mi tía decir, 'Will, oh no', y luego, 'Si quieres que lo haga'. Y entró a mi cuarto e intentó decirnos lo que había ocurrido, y las lágrimas corrían por su rostro, así que no necesitaba decirme, yo supe que lo peor que podía pasar había pasado.

Mi madre era maravillosa, y cuando murió, el brillo desapareció de todo. El efecto de la muerte de mi madre fue que me di cuenta, por primera vez y para siempre, de que no estábamos a salvo. No estábamos más allá del daño. Mi padre hizo lo que pudo. Nos mantuvo juntos como una familia, pero a partir de ese momento hubo una tristeza que no había existido antes, una tristeza profunda que nunca se fue del todo, porque yo sabía que las personas no están a salvo y que nadie está a salvo. Cosas terribles podrían suceder, a cualquiera.

La gripe continuó propagándose y, lo que es un poco irónico, utilizó el entusiasmo que los estadounidenses y otros alrededor del mundo estaban dedicando a las celebraciones militares y las ventas de 'bonos de la libertad'. Anna Milani era solo una niña durante la pandemia, pero más adelante recordó: "Marchábamos por las calles cantando 'marcha, marcha, marcha los niños están marchando. Veo al Kaiser en la puerta. Y conseguiremos una tarta de limón, y la aplastaremos en su ojo y ya no habrá más Kaiser'". Pero en su entusiasmo, la gente no se daba cuenta de que estaban enfrentándose a algo mucho más peligroso que el ejército alemán.

Milani continuó: "Era un día templado y estábamos sentados en el porche de la casa. Diagonalmente frente a nosotros vivía una niña, una niña de quince años que acababa de ser enterrada. Hacia la noche, escuchamos muchos gritos, y en esa misma casa un pequeño bebé de dieciocho meses falleció en esa misma familia (…) En la calle, había crepés en la puerta; si se trataba de una persona joven ponían un crepé blanco en la puerta; si era de mediana edad, ponían uno negro y si era un anciano, mucho mayor, ponían en la puerta un crepé gris, lo que significaba quién había muerto. Así, había, éramos niños y… estábamos emocionados de descubrir quién moría después".

De hecho, muchos niños llegaron a conocer la muerte de cerca y personalmente mucho antes de lo que, de otra manera, habrían aprendido sobre ella, pues en 1918, la muerte estaba a menudo literalmente en la puerta. John De Lano, entonces un niño pequeño que jugaba en la calle, describió una escena inolvidable en su vecindario:

El encargado de la funeraria que estaba a media cuadra de mí casa tenía cajas de pino en la acera, amontonadas. Mis dos amigos y yo íbamos allí y jugábamos en las cajas, era como escalar las pirámides, arriba y abajo y alrededor, todo el tiempo saltando, y mi madre me dijo que nunca debía ir allí, ni montarme en esas cajas porque había personas dentro de ellas que habían muerto. Pero estos dos amigos míos enfermaron justo después de eso, y yo también. (…) Y luego cuando pudimos volver a salir y regresamos a la escuela, me sorprendió ver que mis amigos no estaban, no estaban en casa. Yo tocaba a la puerta de sus casas y la abrían solo un poco y decían, 'No, Jimmy no está aquí' o 'Frankie no está aquí' o, '¿Y dónde está?', 'que tu madre te lo diga'. Ellos no me lo decían. 'Que tu madre te lo diga'. Yo era un niño bastante solitario en ese tiempo, porque estos eran mis amigos con los que jugué todos esos años, y con los que iba a la escuela, y cuando los perdí, pues, todo mi mundo cambió.

Mientras muchos niños estaban enfrentándose a la muerte por primera vez, los adultos jóvenes también vieron truncada la vida de sus amigos y amantes. La novelista Katherine Anne Porter casi muere por la gripe, y más adelante escribió sobre su experiencia en la tercera persona, en *Caballo pálido, jinete pálido*: "Su mente se tambaleó y deslizó de nuevo, salió de su base y giró como una rueda de fundición en una zanja (...) Se hundió fácilmente a través de las profundidades de la oscuridad hasta que yació como una piedra en el más profundo fondo de la vida, sabiéndose a sí misma ciega, sorda, sin palabras, que ya no era consciente de las extremidades de su propio cuerpo (...) pero estaba viva con una lucidez y coherencia peculiar. (...) El dolor regresó, un terrible e irresistible dolor recorría sus venas como fuego intenso, el hedor a corrupción llenó sus fosas nasales (...) abrió los ojos y vio una luz pálida a través de un paño blanco áspero sobre su rostro, y supo que el olor a muerte estaba en su propio cuerpo, y luchó por levantar su mano".

Aunque sobrevivió, Porter perdió a su prometido, un soldado apostado cerca de su casa, y en efecto, más soldados en todo el mundo murieron de influenza que por cualquier otra causa. Un médico militar escribió: "Se necesitan trenes especiales para transportar los muertos. Durante varios días no hubo ataúdes y los cadáveres se acumularon terriblemente. Solíamos ir a la morgue (que está justo detrás de mi sala [de hospital]) y mirábamos a los chicos dispuestos en largas hileras. Es peor que cualquier panorama que hayan tenido en Francia después de una batalla. Se ha desocupado un barracón extralargo para el uso de la morgue, y caminar por las largas filas de soldados muertos, todos vestidos y dispuestos en filas dobles, haría que cualquier hombre se sentara derecho y tomara consciencia. No tenemos alivio aquí; te levantas por la mañana a las 5:30 y trabajas continuamente hasta las 9:30 p.m., duermes y luego vuelves a hacerlo. Algunos de los hombres, por supuesto, han estado aquí todo el tiempo, y están cansados".

**"La tos y los estornudos propagan enfermedades –
Tan peligrosos como el gas venenoso – LA
PROPAGACIÓN DE LA INFLUENZA AMENAZA
NUESTRA PRODUCCIÓN
DE GUERRA – El Servicio de Salud Pública de EE.
UU. comienza
una campaña nacional de salud".**

Capítulo 6: Persona a persona

Sin importar qué tipo particular de germen causa la epidemia, ahora se sabe que la influenza se transmite directa e indirectamente de persona a persona. Además, a juzgar por la experiencia con otras enfermedades, es probable que el germen, cualquiera sea su naturaleza, es portado no solo por quienes están enfermos con influenza sino por personas que pueden estar completamente bien. Todo lo que aumente el contacto personal, por ende, debe ser considerado un factor en la propagación de la gripe. Está claro que hay muchas formas en las que tales gérmenes pueden ser transmitidos de persona a persona. Por lo tanto, pueden propagarse directamente al ser transportados por el aire junto con las pequeñas gotas de moco expulsadas por la tos, los estornudos, las conversaciones enérgicas y similares, por alguien que ya tiene los gérmenes de la enfermedad. (…) Manos sucias, vasos comunes para beber, utensilios para comer y beber incorrectamente limpiados en restaurantes, dispensadores de refrescos, etc., secadores de manos de tela enrollable, alimentos infectados: estos son solo algunos de los vehículos comunes de transmisión de gérmenes. El uso de máscaras faciales parece hacer que las personas descuiden estos otros caminos de infección y, por lo tanto, dicho uso no ha tenido el éxito previsto para ello. Si buscamos tener más éxito en la lucha contra la influenza, se debe prestar mayor atención a los factores que se acaban de enumerar. – Informe del Servicio de Salud Pública de EE. UU., preparado por el Cirujano General, Rupert Blue

Si bien la mayoría de los médicos podían hacer poco más que intentar mantenerse al día con el brote, hubo algunos que pudieron tomarse el tiempo de estudiar lo que estaba sucediendo, e intentar formular algunas teorías que más adelante ayudaran en la prevención y tratamiento de la enfermedad. El Dr. Victor Vaughan fue uno de los pocos que estaba en condiciones de estudiar la propagación, e hizo algunas observaciones interesantes:

Cuando registramos gráficamente la morbilidad y mortalidad de la neumonía en cada uno de los campamentos grandes, una cosa nos miró a la cara de manera sorprendente. Esta fue la impresionante diferencia en el número de casos en los varios campamentos (…) Los campamentos buenos y malos se mezclaron en lugares cercanos (…) El área de la que provenían los hombres de los buenos campamentos es la parte más urbana, o densamente poblada, del país. Los habitantes de las ciudades adquieren cierto grado de inmunidad a las enfermedades respiratorias porque viven en una atmósfera que es frecuente o constantemente portadora de estas infecciones. Los campesinos o habitantes de zonas rurales son más susceptibles a las enfermedades respiratorias. Esto sugiere que aumentemos la resistencia de los soldados rulares vacunándolos con cultivos muertos de la bacteria de las enfermedades respiratorias. Esto se intentó durante los meses del verano de 1918 (…) pero este trabajo se vio abrumado por la gran y mortífera epidemia de influenza. Muchos de los mejores hombres en la profesión han continuado los intentos de garantizar la inmunidad artificial contra las neumonías. El problema es difícil y complicado, pues muchas bacterias pueden causar neumonía, pero no tengo duda de que se resolverá con el tiempo.

Durante sus investigaciones sobre los orígenes de la pandemia y la manera en que se propagó, Vaughan llegó a algunas conclusiones interesantes, que incluían lo siguiente:

> Me aventuré a ofrecer una simple explicación del hecho de que ciertas infecciones son más letales entre los robustos que entre los débiles. Cuando alguien se infecta con la bacteria de estas enfermedades, las células del cuerpo comienzan a destruir a las células del germen invasor. El hombre fuerte mata a sus invasores rápidamente, a la vez que libera sus venenos, y en este conflicto el paciente o se recupera rápidamente, o muere rápidamente. (…) En un principio avancé esta teoría tentativamente y sin la convicción absoluta de su verdad, pero la he

escuchado de tantos hombres y leído en tantos libros sin referencia a su autor, que ahora estoy completamente convencido de su veracidad. (…) Nada puede ser más convincente de la verdad de la propia historia, que escucharla repetida por aquellos cuyo juicio y sabiduría uno respeta como provenientes de su propia experiencia, o como deducida de sus propios procesos intelectuales. Es tanto más un cumplido para el autor porque no es intencionado como tal.

Las conclusiones de Vaughan eran indicativas de la falta de conocimiento de la comunidad médica cuando de biología se trataba a principios del siglo XX, y mientras los médicos y científicos estaban haciendo sus observaciones, la gente común en la calle intentaba, desesperada, descubrir cómo evitar enfermarse, cuidar de aquellos ya enfermos, enterrar a los muertos, o mantener las ruedas de la sociedad rodando de cara al desastre. Daniel Tonkel recordó cómo el brote afectó el sustento de su familia: "La primera vez que me di cuenta de que algo andaba mal en nuestra vida normal fue cuando mi padre me dijo, 'hijo, casi todos los empleados están enfermos. No nos queda nadie que se encargue de la tienda. Todos están enfermos en casa, o enfermos en el hospital'. Y en cuestión de una semana o diez días mi padre me dijo que esta vendedora había fallecido y que otra había fallecido.

Así que, si mal no recuerdo, de los ocho o diez empleados, cuatro fallecieron, y la muerte se produjo muy rápidamente".

El gobierno también unió fuerzas con la Cruz Roja Estadounidense para distribuir folletos advirtiendo a las personas sobre cómo evitar contraer la influenza, y uno de dichos folletos concluía con el siguiente consejo: "Si bien la transmisión indirecta de la gripe es más difícil de evitar, existen algunas consideraciones para aumentar la posible protección. Saludar menos con apretones de mano, evitar fuentes de soda y restaurantes sucios, así como el uso compartido de vasos de beber y toallas, insistir en la observancia de prácticas sanitarias en los establecimientos de manipulación de alimentos y en la aplicación diligente, por parte de las autoridades, de las regulaciones sanitarias que rigen tales lugares. Estas son todas medidas por las cuales cada ciudadano puede protegerse contra la infección. Su práctica más generalizada haría mucho para evitar la propagación de la enfermedad en general. En buena medida la prevención de la influenza puede resumirse en una palabra: 'Limpieza'".

Dada esta comprensión de la enfermedad, muchas ciudades en Europa y en los Estados Unidos cerraron teatros, restaurantes y algunas veces, incluso escuelas. Louie Mayberry recordó: "Cuando nos mudamos a San

Antonio comencé la escuela. No había ido sino unos pocos días, hubo una epidemia de gripe en San Antonio y cerraron las escuelas. Y se quedaron cerradas un buen tiempo. Y estaban tratando de enseñarme cómo trabajar. En esos días, me dejaban lustrar zapatos en la estación del ferrocarril I&GN [*International–Great Northern*]; ahora es el *Missouri Pacific*. Y luego la escuela comenzó de nuevo, y continuó durante un par de semanas, y la volvieron a cerrar. No recibimos mucha educación antes de Navidad".

Los juegos de pelota y los desfiles fueron cancelados por temor a que reunir personas en grandes multitudes propagaría la enfermedad, y en muchos lugares, grupos cívicos y religiosos dejaron de reunirse, y quedaban las iglesias y sinagogas vacías o disponibles para usar como hospitales improvisados. Obviamente, esto fue duro para los devotos, especialmente aquellos que necesitaban fe durante esos momentos de crisis, pero por supuesto, quienes sobrevivieron la gripe encontraron fortalecida su creencia en un poder superior. Martha Emmons creía que la intervención divina la salvó y le permitió convertirse en escritora:

> A menudo he pensado que el Señor en su Providencia impidió que contrajera la gripe. Yo solía dar una explicación más terrenal que esa. Las personas me preguntaban cómo la evitaba porque,

oh, la gente caía muerta por eso en todos lados. Pero yo era tan necesitada, pensé. Mire, tenía a mi padre conmigo, y estaba enseñando en Maypearl , Texas, y recuerdo cuando me preguntaban que yo decía, 'Oh, bueno, a todo lo que puedo atribuirlo es a comer cebollas y mantenerme feliz'. Y sí comía cebollas y cualquier otra cosa así que pensara que era el tipo correcto de cosa. Y sí hacía un esfuerzo por mantenerme feliz. Pero a menudo he pensado que debe haber sido una intercesión providencial, porque no sé qué podría haber pasado si yo hubiera tenido gripe allí con mi padre, que es inválido, y estuviéramos en ese pequeño departamento. Y habría sido horrible que él contrajera la gripe por causa mía, ¿lo ve?

Aparte de fe y optimismo, las personas que intentaban evitar la gripe en su mayoría se quedaban en casa, pero si tenían que salir, evitaban el contacto con otros casi a toda costa. Daniel Tonkel luego recordaría: "La gente realmente tenía miedo de hablar unos con otros, era casi como 'no me respires en la cara, no me mires y respires en mi cara porque puedes pasarme el germen que no quiero', y nunca sabías día por día quién iba a ser el siguiente en la lista de muertos". Clella Gregory confirmó esto, diciendo que en Kentucky, donde creció, fue igual durante la pandemia:

En 1918, vivía en casa con mis padres Eli y Nora Brantley y cinco de mis hermanos y hermanas en Blackford, Kentucky. (…) Los seis niños en casa… tuvimos la fiebre pandémica de 1918, al igual que nuestra madre, Nora. Mi padre, Eli, no se enfermó. Papá nos mantenía abrigados y alimentados y también ayudaba otros en nuestra comunidad que tenían la enfermedad. Se aseguraba de que nuestros vecinos enfermos tuvieran agua potable, ordeñaba sus vacas, alimentaba a su ganado y se aseguraba de que tuvieran carbón y leña para calentarse. Un día, uno de los médicos de Blackford vino y se detuvo y preguntó, '¿Eli, cómo está tu familia?'. Papá dijo, 'Todos están muy bien'. El médico respondió, 'Sigan haciendo lo que están haciendo, pues a donde voy ahora, van a perder a una niña'. Todas las escuelas estaban cerradas, los servicios eclesiásticos cancelados, y no debían reunirse multitudes. Todos sobrevivimos.

Capítulo 7: Toda persona que se enferma de gripe

Es muy importante que cada persona que se enferme de influenza vaya de inmediato a casa y se acueste. Esto ayudará a evitar complicaciones peligrosas y, al mismo tiempo, evitará que el paciente disemine la enfermedad por todas partes. Es altamente deseable que a nadie se le permita dormir en la misma habitación con el paciente. De hecho, nadie más que la enfermera debería poder entrar a la habitación. Si hay tos y esputo, lagrimeo o goteo nasal, debe tenerse cuidado de que todas dichas descargas se recojan en trozos de gasa o paño, o servilletas de papel, y sean quemadas. Si hay diarrea, debe tenerse mucho cuidado para evitar la propagación de la enfermedad a través de la suciedad de las manos, la ropa o la ropa de cama. Se deben instituir prácticamente las mismas precauciones que toma una enfermera cuando atiende un caso de fiebre tifoidea. Si el paciente se queja de fiebre y dolor de cabeza, se le debe dar agua para beber, una compresa fría en la frente y un ligero baño de esponja. Solo se debe administrar el medicamento recetado por el médico. Es una tontería pedirle al farmacéutico que recete, y puede ser peligroso tomar los llamados remedios 'fiables, seguros e inofensivos' anunciados por los fabricantes de medicamentos patentados. – Informe del Servicio de Salud Pública de EE. UU., preparado por el Cirujano General, Rupert Blue

Con los mejores científicos del mundo perplejos con la enfermedad, la gente comenzó a recurrir a extraños tratamientos para la influenza, tal como lo hicieron los europeos siglos antes, usando flores, en vano, para evitar la pestilencia. John de Lano recordó que, cuando era niño, "Tenía bolitas de alcanfor colgadas del cuello en un pequeño saco. Sé que no podía soportarme yo mismo, mucho menos podía alguien acercárseme. Olía muy mal, supongo, en esos días". Por su parte, Harriet Ferrel también era muy joven durante el brote, pero recordó:

Fue una experiencia realmente terrible para las personas, había tanta gente enferma. En nuestra casa, estábamos cuatro en cama y mi tío y tía en el apartamento del tercer piso con su hijo, así que mi madre estaba cuidando a siete personas enfermas en nuestra casa. Usamos trementina en azúcar, usamos keroseno en azúcar, unas gotas. Podías oler esta medicación antes de acercarse demasiado a ellos, pero no era tan malo porque tanta gente tenía estos diferentes tipos de medicamentos, hasta que todos olíamos mal. Mi madre llamó al médico porque nosotros, toda la familia estaba enferma con esta gripe, y yo, siendo la bebé, estaba muy enferma, hasta el punto de que el médico pensó que no lo lograría y le dijo a mi madre que no era necesario que me siguiera alimentando porque yo no iba a sobrevivir. (…) Tantas personas murieron, hasta que se dieron instrucciones de pedir cajones de madera y poner los cadáveres, las personas, en los porches. Un camión abierto pasaba por los vecindarios y los recogía.

Aunque a menudo se pasa por alto, dada la cantidad de personas que murieron, las tasas de mortalidad, si bien increíblemente altas para la gripe, aún eran lo suficientemente bajas como para que la mayoría de las personas se recuperara de la mortal cepa. Como resultado, las personas que sí sobrevivieron se lo atribuyeron a toda clase de "curas" que cocinaban en sus cocinas o garajes. Lee Reay era hijo de un miembro del departamento de salud local, y explicó los desesperados intentos de su padre por ayudar a la gente:

> Estábamos muy preocupados en nuestra ciudad, porque estaba avanzando hacia el sur, bajando por la carretera, y éramos los próximos. Mi padre fue seleccionado como el oficial de salud. Nunca antes habíamos tenido un oficial de salud en nuestra ciudad, pero ahora sentíamos que necesitábamos uno, así que Papá salió a los letreros de los límites de la ciudad y colocamos un letrero que decía: 'ESTA CIUDAD ESTÁ EN CUARENTENA – NO SE DETENGA'. Así que nos aislamos a propósito. Pero no fue suficiente, la enfermedad llegó de todos modos, la trajo el cartero. (…) Todo el mundo estaba pidiendo medicamentos y no había ninguno. Así que papá llegó a casa y dijo: 'Tenemos que hacer medicinas de algún modo'. De modo que en

nuestra cocina, en nuestra estufa, papá preparó unos cinco galones. No era medicina real, pero olía como medicina y sabía a medicina, y le pusimos mucha miel para que supiera bastante bien y se lo repartimos a todos los que quisieran medicina. Se acabó en un santiamén, no quedó casi. No hizo ningún daño. La mayoría pensó que hacía bien.

Reay también fue uno de los pocos sobrevivientes que ofreció un relato de testigo ocular del terrible efecto de la gripe en la población amerindia. Como se les había forzado a vivir en reservas indígenas sobrepobladas, la mayoría de las cuales no contaban con los niveles de limpieza disponibles para los estadounidenses en general, el número de muertes para ellos fue particularmente alto. Reay señaló: "Mi padre, siendo el oficial de salud, estaba muy preocupado por los indios que eran nuestros vecinos, estaban a menos de 10 km de distancia. Entonces papá y el mariscal de la ciudad fueron allí un día para ver cómo iban las cosas en los campamentos indígenas y se horrorizaron con lo que vieron. Cuando uno de ellos moría, su familia y amigos se sentaban a su alrededor cantando para que llegara al *Happy Hunting Grounds* [Feliz Terreno/Coto de Caza] y pasaban allí toda la noche. Y, para entonces, todos estaban expuestos, todos tenían la gripe. Finalmente, mató aproximadamente a la mitad de los indios".

Parte del problema con la pandemia era que la gripe se propagaba tan rápidamente, que a las personas les costaba creer que era simplemente un hecho natural. William Sardo, aunque era solo un joven en ese tiempo, discutió algunas de las teorías de conspiración que estaban circulando:

La gente no quería creer que podrían estar saludables en la mañana y muertos en la noche, no querían creer eso. (…) Había rumores que circulaban rampantes, de todo tipo y tamaño, y uno de los rumores, lo recuerdo muy explícitamente, era que los alemanes habían plantado el germen antes de la propagación de la influenza. (…) En ese tiempo existió algo de charlatanería. Había toda clase de, de artilugios y trucos que buscaba la gente desesperada. (…) Mi padre, mi hermano mayor y un tío todos estaban involucrados en el negocio de dirección de funerales. Vivíamos en una funeraria. La epidemia de influenza se agravó tanto que la sala de estar, el comedor, estaban todos ocupados con fila tras fila de ataúdes. La parte más temible de todo era que se trataba de amigos tuyos que estaban muriendo, eran familias enteras que conocías, era gente con la que ibas a la escuela o a la iglesia. Era muy estremecedor, muy, muy estremecedor. (…) Todos vivían con un miedo mortal porque era tan rápido, tan repentino y aterrador, que destruyó la intimidad que existía entre las personas en esos días de principios del siglo XX.

Las zonas rurales estaban aún más desesperadas por curas que aquellas que tenían acceso al tipo de atención médica disponible en las ciudades más grandes. Según Velva Kiser Breeding:

Nací en la primavera de 1916 y solo tengo algunos recuerdos escasos de la pandemia de 1918, pero recuerdo que mis padres me contaron al respecto. En ese tiempo, vivíamos en el Campamento de Carbón Wilder en el condado de Russel, Virginia, donde mi padre estaba empleado como minero. Muchos de los mineros y sus familias en el campamento se habían enfermado con la gripe pandémica de 1918. El médico local, el Dr. Beckner, fue a nuestra casa a caballo y le pidió a mi padre, que no estaba enfermo de gripe, que fuera con los contrabandistas de licor en el área y trajera un poco de aguardiente [*moonshine*] para que él pudiera tratar con eso a los mineros enfermos. El aguardiente se mezclaba con miel o azúcar y se les daba de tomar a quienes estaban enfermos. También había varios otros remedios caseros, como ungüentos de ajo, pero realmente no puedo recordarlos todos. Una cosa que sí resalta en mi mente es el hecho de que mi madre era una excelente costurera, y que en ese tiempo cosía día y noche haciendo las mortajas blancas para enterrar a las personas. Había cierta creencia de que estas prendas acelerarían la llegada de una persona al Cielo. Los hombres sanos se mantenían ocupados fabricando cajones de madera (ataúdes). Nadie en mi familia se enfermó de gripe. Sin embargo, todos estuvieron muy ocupados ayudando a los que sí.

Como tantas otras tragedias, había más que unas pocas personas dispuestas a usar la crisis para beneficio personal. El siguiente es uno de los muchos anuncios que aparecieron en los periódicos de todo el mundo, en este caso de Nueva Zelanda:

"Si moquea y estornuda y se siente incómodo,

Si su vista se vuelve borrosa y se le debilitan las rodillas,

Puede apostar su vida, es una señal segura

Necesita la Cura de Menta de Woods.

Así que no se preocupe y no se ponga triste

Miles de otros han estado igualmente mal;

Su gripe no durará mucho

Si toma la Gran Cura de Menta de Woods".

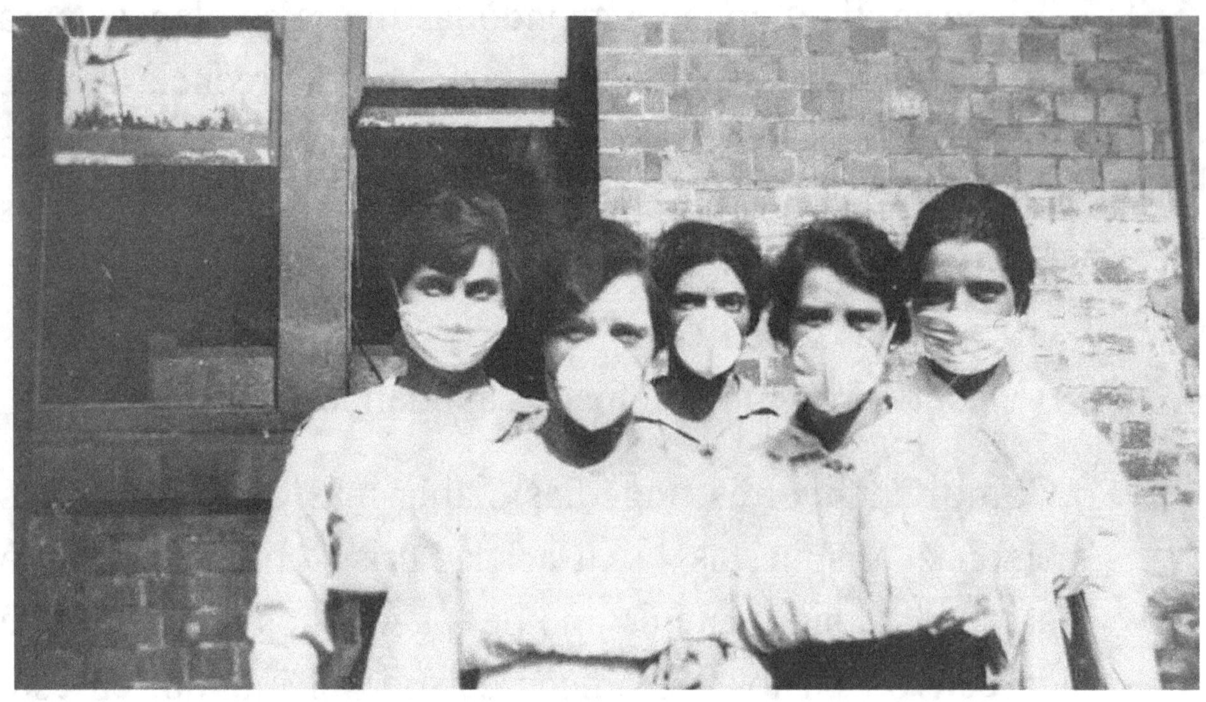

Mujeres con máscaras en Brisbane, Australia

Capítulo 8: El cuidado de los enfermos

Si el paciente está situado de manera que solo puede ser atendido por alguien que también debe cuidar de otros en la familia, es recomendable que dicho asistente use una envoltura, delantal o una bata sobre su ropa de casa normal mientras esté en el cuarto del enfermo, y se lo quite y se lave y desinfecte las manos cuando salga para cuidar de los demás. El paciente debería tener platos separados, y estos esterilizarse con agua hirviendo después de su uso. Las enfermeras y asistentes harán bien en protegerse para no inhalar los peligrosos gérmenes de la enfermedad, utilizando un simple pliegue de gasa o una mascarilla mientras estén cerca del paciente. Es bien conocido que un ataque de sarampión o escarlatina o viruela, por lo general protege a la persona contra otro ataque de la misma enfermedad. Hasta cierto punto, esto parece ser también verdad para la 'gripe española'. Pero no se sabe cuánto dure tal protección. – Informe del Servicio de Salud Pública de EE. UU., preparado por el Cirujano General, Rupert Blue

La gente buscaba evitar la gripe por toda clase de medios, que por lo general consistían en aislamiento, y los médicos estudiaban el brote e intentaban descubrir tratamientos, pero había poco que alguien pudiera hacer para promover la recuperación. Como resultado, los tratamientos principales eran paliativos, como observó el Dr. Fantus:

Tenemos abundante evidencia de que el calor favorece el desarrollo de la inmunidad, y de que el frío lo antagoniza. Un paciente que es mantenido en cama a una temperatura uniforme está, por ende, en una condición favorable para triunfar sobre el enemigo que alberga en su interior. El frío, por otro lado, debilita las defensas y cambia el rumbo de la batalla contra el paciente. Por esta razón es fácil ver porqué el paciente de gripe que transpira libremente debe estar particularmente susceptible al enfriamiento. Especialmente crítico es el periodo en que la temperatura del paciente está cayendo a, o por debajo de, lo normal. Luego comienza a sentirse bastante bien, y no ve razón para quedarse en cama. Con la piel y la ropa mojadas de sudor, se levanta de la cama, pero pronto regresa, frío y miserable, habiendo perdido la inmunidad que apenas comenzaba a establecerse. El resultado es una recaída o un ataque de bronconeumonía.

Por esta razón, el Dr. Fantus recomendaba:

El tiempo que el paciente debe permanecer en cama puede ubicarse, para casos leves, entre dos y tres días, contando desde el momento en que el paciente ha comenzado a sentirse perfectamente bien durante un día completo. Para los casos severos, y en pacientes con limitaciones físicas, o cuando se siguen escuchando estertores crepitantes finos en el tórax, debería incrementarse considerablemente el tiempo que se tome para establecer completamente la convalecencia. Dado que es importante proteger al paciente del enfriamiento, debe insistirse en el uso de cuñas o bacinillas y orinales en cama. Esto también evita el desmayo que ocurría en bastantes casos al salir de cama para ir al baño. Es igualmente importante mantener secas la ropa del paciente y la ropa de cama. El peligro de la ropa mojada se aprecia mejor cuando se hace evidente que una persona envuelta en tela mojada pierde calor más rápido que si estuviera desnuda. Mantener secos a estos pacientes que sudan profusamente es toda una tarea, que, sin embargo, debe llevar a cabo fielmente la enfermera, quien, al remover las prendas, deberá frotar al paciente con una toalla seca y tibia, y colocar ropa seca y abrigada, todo esto hecho bajo las mantas. La propuesta de mantener al paciente a temperatura cálida no debe llevarse a acabo hasta el punto de mantenerlo caliente. La temperatura de la enfermería o cuarto del enfermo no debe exceder los 21° C. Tampoco es contraria esta propuesta a la ventilación libre, siempre que se lleve a cabo para permitir la entrada de aire fresco a la habitación sin exponer a sus ocupantes al peligro de enfriarse.

Por supuesto, los médicos como Fantus que hicieron estas sugerencias se daban cuenta de que había un problema cuando las recomendaciones no parecían hacer suficiente. Fantus continuó: "En vista de la ausencia de un tratamiento específico, la terapia de esta enfermedad tenía que ser sintomática. Esta forma de terapia –a menudo caracterizada desdeñosamente como 'meramente sintomática'– representa, a mi parecer, el acmé del arte médico. Quizá, si en su lugar utilizáramos el término 'terapia funcional', como se ha sugerido, su significado e importancia se apreciarían mejor. Es nuestro deber y privilegio ocuparnos de los trastornos de las funciones del paciente mientras su sistema está combatiendo la infección. Dado que estos trastornos eran de carácter e intensidad muy variados, algo como un tratamiento rutinario para la influenza es obviamente un absurdo".

Los médicos a menudo debían lidiar con una presión significativa por parte de las familias para que hicieran algo por ayudar. La mayoría lograba resistir esta presión y usar su posición en la comunidad para hacerse escuchar y obedecer, pero con demasiada frecuencia las familias, intentando ayudar, ignoraban sus recomendaciones e instrucciones e interferían innecesariamente con la recuperación de los pacientes. Fantus advirtió sobre esto en septiembre de 1918, escribiendo:

> El síntoma que quizás atraía más atención terapéutica, y probablemente el que menos la merecía, era la fiebre. Ésta rara vez era tan alta como para ser un detrimento para el paciente. Cuando se elevaba demasiado –que excediera, digamos, los 40° C.– era fácil reducirla con hidroterapia o con (…) medicación. Por otro lado, un objeto apropiado de ataque terapéutico eran los dolores que sufrían tantos de estos pacientes. Fue su acción analgésica, más que antipirética, lo que hizo que varios

derivados del alquitrán de hulla fueran tan útiles en esta condición. (…) El manejo adecuado de la tos es probablemente de importancia fundamental. Si la retención de secreciones y la obstrucción de los bronquiolos favorece el desarrollo de la bronconeumonía, como es razonable creer, entonces favorecer la expectoración puede salvar la vida. He tenido la suerte de encontrarme con varios pacientes en los que, desde la respiración rápida y angustiada, la tos casi no productiva y los innumerables estertores finos en el pecho, se temió el inicio de la neumonía, que desapareció fenomenalmente, en cuestión de un par de días, bajo la influencia del yoduro junto con la ingesta liberal de líquido. (...) Por lo tanto, he instado a la ingestión de un vaso lleno de líquido cada hora, mientras el paciente está despierto, haciendo que el paciente tome un vaso lleno de leche u otro líquido nutritivo cada dos horas, y un vaso de limonada, jugo de uva y agua, agua de seltz u otra bebida cada dos horas, alternando con la leche.

Fantus también advirtió a sus colegas médicos que no cedieran muy rápido a la comodidad de un paciente, si tal capitulación sería a expensas de la salud del paciente:

Creo que la prescripción de un opiáceo, ya sea por sí solo o en jarabes complejos para la tos, es una práctica perniciosa, una invitación directa a la aparición de bronconeumonía. De vez en cuando puede encontrarse un caso excepcional, en el que un paciente con tórax libre de hallazgos físicos no puede dormir por una tos completamente inútil e improductiva. En tal caso, una dosis suficiente de codeína, 0,03 g una hora antes de dormir por unas pocas dosis asegura un buen descanso nocturno; y la ingestión de una dosis cada cuatro horas durante el día mantiene la comodidad. Sin embargo, cuando la tos es productiva en cualquier medida, o hay estertores en el tórax, la experiencia me ha hecho temer recetar opiáceos en cualquier forma o dosis. Incluso si el opiáceo no es seguido por el desarrollo de bronconeumonía, prolongará la duración del problema, pues la implacable tos regresa tan pronto como se detiene el opiáceo.

Capítulo 9: Protegiéndose contra la enfermedad

Al protegerse contra enfermedades de todo tipo, es importante que el cuerpo se mantenga fuerte y capaz de combatir los gérmenes de la enfermedad. Esto puede hacerse teniendo una proporción adecuada de trabajo, recreación y descanso, manteniendo el cuerpo bien vestido y abrigado, y comiendo alimentos suficientes, saludables y adecuadamente seleccionados. En relación con la dieta, conviene recordar que la leche es uno de los mejores alimentos disponibles para adultos y niños. En una enfermedad como la influenza, las autoridades sanitarias en todo el mundo reconocen la muy estrecha relación entre su propagación y el hacinamiento o sobrepoblación. Si bien no siempre es posible, especialmente en tiempos como el presente, evitar los lugares con demasiadas personas, se deben considerar los peligros para la salud, y hacer todo lo posible para reducir al mínimo el hacinamiento en los hogares. El valor del paso de aire fresco por ventanas abiertas no puede enfatizarse menos. En lo que respecta a evitar la infección directa mediante la inhalación, es importante tener cuidado con la persona que tose o estornuda sin taparse la boca y nariz. También se deduce que se debe evitar estar en multitudes y lugares cerrados tanto como sea posible; mantenga los hogares, oficinas y talleres bien ventilados; pase un poco de tiempo al aire libre cada día; camine al trabajo si es practicable; en resumen, haga todo lo posible por respirar tanto aire puro como sea posible. – Informe del Servicio de Salud Pública de EE. UU., preparado por el Cirujano General, Rupert Blue

Para cuando terminó el brote de gripe en los Estados

Unidos, había matado a más de medio millón de personas, y posiblemente más cerca de las 750.000, muchas más que el número de soldados estadounidenses perdidos en cualquiera de las guerras mundiales. Se ha estimado que, cuando terminó el brote, cerca del 30% de todos los estadounidenses había padecido de gripe.

No es sorprendente que las tasas de mortalidad fueran más bajas en los países avanzados, pero debido a que muchas de esas naciones estaban participando en la I Guerra Mundial, los soldados también la propagaron por todas partes. Gran Bretaña perdió un cuarto de millón de personas por la influenza, y casi medio millón murieron en Francia, un país que en ese momento no podía permitírselo. Canadá sufrió un estimado de 50.000 muertes.

Tan malo como fue entre las naciones Occidentales, la cifra fue aun peor en otros lugares que no estaban tan desarrollados. Japón sufrió cientos de miles de muertes, y las partes de la India bajo control británico pueden haber sufrido hasta 14 millones. Murieron jefes de estado, como el presidente de Brasil, Rodrigues Alves, y mientras que la gripe típicamente mata solo al 0,1% de las personas que la contraen en todo el mundo, la influenza española mató a un estimado del 20%.

Colegialas japonesas con máscaras en 1918

Dado cuán terrible fue la pandemia, no cabe duda de que las personas afectadas quedarían por siempre cambiadas por ello. Cathryn Guyler explicó cómo era diferente el mundo que conoció antes de la pandemia, del que conoció después:

Mi padre era mi compañero de juegos en realidad, y cuando me llevaba a pasear en su auto, se detenía en una tienda de comestibles que conocía y entrábamos y el dueño de la tienda, con su uniforme blanco, le decía a sus hombres: 'Salgan y sacudan el árbol de dulces, muchachos'. Creo que debo haber sabido que los dulces no crecían en ese árbol, pero no habría renunciado a la idea porque él lo estaba disfrutando y yo lo estaba disfrutando y todo el mundo lo estaba disfrutando, ¿ve? Era un mundo bueno, pero era una era de inocencia; realmente no sabíamos lo que venía más adelante. (…) Cuando mi madre se enfermó, ahí fue cuando supe que estábamos en problemas. Solo lo supe desde mi visión de niña, y mi visión de niña tenía cinco años. Quería ir y meterme en su cama y no estaba permitido, y no querían que yo me enfermara también, ¿lo ve? Y metieron una camita en su cuarto. Mi madre me vio tan triste en esa camita que llevaron al cuarto para mí, y me metió en su cama porque no le gustaba verme infeliz. Y, por supuesto, rápidamente contraje la gripe con ella, como podía imaginarse, y fue divertido para mí hasta que se volvió tan doloroso.

Uno de los cambios más importantes en la sociedad que resultó del brote, fue una mejor comprensión de cómo se transmitía la enfermedad, lo que posteriormente llevó a un aumento de la participación del gobierno en la vida cotidiana de las personas, particularmente en lo relacionado con las regulaciones sanitarias. Desde 1918, el Dr. Blue realizó observaciones al respecto, y más adelante, luchó por mantener a los soldados albergados en campamentos militares lejos de la población general, insistiendo en que era "importante que la influenza se mantenga fuera de los campamentos tanto como sea practicable. Con este fin se debe reconocer como una enfermedad que es distinta y separada de los llamados 'resfriado, bronquitis, laringitis, coriza o rinitis y fiebre', que nos acompañan continuamente y de vez en cuando se vuelven prevalentes".

Al mismo tiempo, Blue también advirtió contra probar o confiar en curas populares, y expresó: "El Servicio de Salud insta al público a recordar que todavía no existe una cura específica para la influenza y que muchas de las supuestas curas y remedios que están siendo recomendadas ahora por vecinos, vendedores de panaceas y otros, hacen más daño que bien". En efecto, el Dr. Vaughan le confió a un amigo a principios de 1919: "Si la epidemia continúa su tasa matemática de aceleración, la civilización podría fácilmente desaparecer de la faz de la tierra".

Afortunadamente, la pandemia no continuó. En cambio, al igual que las altas fiebres que causó, se quemó y extinguió a finales de 1919. Para entonces, la guerra también había terminado, lo que le trajo a los beligerantes al menos un poco de esperanza para el futuro. Por supuesto, muchos continuaron preocupados por su salud, lo que ayudó a sacar algo bueno de lo malo. Vaughan, Blue y otros pudieron usar la virulencia de la gripe para persuadir al Congreso de expandir el rol del gobierno federal en las organizaciones de salud locales y crear un "departamento nacional de salud centralizado y con poderes mucho mayores de los que el Servicio de Salud Pública de los Estados Unidos había tenido antes…".

Cerca del final de su vida, el Dr. Vaughan reflexionó sobre lo que había aprendido durante la pandemia, y si bien la gripe fue implacable contra personas de toda clase y posición social, hubo una cierta verdad en su conclusión de que la influenza mató a muchos de los mejores y más brillantes. Señaló:

> No ahondaré en la historia de la epidemia de influenza. Rodeó al mundo, visitó los rincones más remotos, causó estragos entre los más robustos, sin perdonar a soldados ni civiles, y ostentó su bandera roja en la cara de la ciencia. (…) Veo a cientos de hombres jóvenes y robustos con el uniforme de su país que llegan a las salas del hospital en grupos de diez o más. Son acostados en los catres hasta que cada cama está ocupada y aún otros se amontonan. Los rostros pronto tienen un tono azulado; una tos alarmante hace salir el esputo sanguinolento. Por la mañana los cadáveres están apilados en la morgue como acopios de leña. Esta imagen quedó impresa en mi memoria en el hospital de división en el Campamento Devens, en 1918, cuando la mortal

influenza demostró la inferioridad de las invenciones humanas en la destrucción de la vida humana. (…)

Un viejo escritor, al describir las epidemias de tifus en Irlanda e Inglaterra, escribió que la enfermedad pasaba por una comunidad, de la misma manera en que usted o yo atravesaríamos un rebaño de ovejas, seleccionando las 'más hermosas, saludables y vigorosas'. Así que nuestro descubrimiento resultó no ser más que la recuperación de datos perdidos. Esta tendencia de ciertas infecciones a matar a los más robustos se confirmó con las epidemias de neumonía e influenza de la Guerra Mundial. Estas enfermedades no mejoraban la raza matando a los menos sanos, como creía Herbert Spencer, sino que, como la guerra, destruyen a los mejores en la nación. Ocasionalmente, todavía escuchamos la afirmación de que los médicos están perjudicando a la raza al preservar las vidas de los menos sanos, que anteriormente morían por enfermedad, especialmente en la infancia.

Bibliografía

Barry, John M. (2004). *The Great Influenza: The Epic Story of the Greatest Plague in History* [La gran gripe: el épico relato de la mayor peste de la historia]. Viking Penguin.

Bristow, Nancy K. *American Pandemic: The Lost Worlds of the 1918 Influenza Epidemic* [Pandemia estadounidense: los mundos perdidos de la epidemia de influenza de 1918]. (Oxford University Press, 2012)

Collier, Richard (1974). *The Plague of the Spanish Lady – The Influenza Pandemic of 1918–19* [La peste de la dama española – La pandemia de gripe de 1918-19]. EE.UU: Atheneum.

Crosby, Alfred W. (1976). *Epidemic and Peace, 1918* [Epidemia y paz, 1918]. Westport, Ct: Greenwood Press.

Crosby, Alfred W. (2003). *America's Forgotten Pandemic: The Influenza of 1918* [La pandemia olvidada de los Estados Unidos: La influenza de 1918] (2 ed.). Cambridge: Cambridge University Press.

Duncan, Kirsty (2003). *Hunting the 1918 flu: one scientist's search for a killer virus* [A la caza de la gripe de 1918: Un científico en busca de un virus asesino] (ed. ilustrada). University of Toronto Press.

Honigsbaum, Mark. *Living with Enza: The Forgotten Story of Britain and the Great Flu Pandemic of 1918* [Viviendo con Enza: La historia olvidada de Gran Bretaña y la Gran Pandemia de Gripe de 1918].